緊張、イライラ、不安が消える

自信をつける心理学

渋谷昌三

Shibuya Shozo

KKロングセラーズ

まえがき――「勝てない相手はもういないと思う……」

二〇一四年、テニスの全米オープンで錦織圭選手が準優勝したことは記憶に新しい。テニスでは、いったんコートに立ったらコーチのアドバイスは受けられない。だからこそ、フィジカル面以上にメンタル面での強さを求められるスポーツだ。

錦織選手の身長は一七八センチだが、これでも欧米のトップ選手に比べると小柄なうえ、ケガにもずいぶん悩まされてきた。抜群の才能をもちあわせていながら、それまでの彼はさまざまな壁をまえに悩みつづけていたのである。

しかし、錦織選手にとって二〇一四年は転機の年になった。世界ランキング一七位にいた彼は、年明け早々ランキングベスト一〇入りと四大大会決勝進出を目標に掲げたが、実際に、全米オープンで準優勝という快挙を成し遂げ、世界ランキング五位で一年の幕を閉じたのである。

この結果はもちろん錦織選手の努力の賜物だが、それ以上に目標を〝宣言〟したことも大きいように思う。そして、宣言できた背景には大きな出会いがあった。

　自分の何かを変えなければ次の段階には進めない、そう感じていた彼は、四年前に行われた東日本大震災復興支援のための慈善試合で、ある人物に出会った。それが、一三年末にコーチに就任したマイケル・チャン氏である。一七歳のとき四大大会史上最年少で全仏オープンのチャンピオンになり、最盛期には世界ランキング二位にまでなった名選手だ。

　自分には何が足りないのか？　錦織選手は、慈善試合後のチャン氏との対談で、世界最強といわれるロジャー・フェデラー選手との試合の敗因を尋ねてみた。すると、チャン氏はすかさず答えた。

「君は一つ、大きな過ちを犯しましたね。君はインタビューでフェデラー選手は憧れだと言っていたけれど、憧れの選手と対戦できるということだけで舞い上がり、そこである程度満足してしまっていた。それが大きな過ちです。コートの外でだれを尊敬してもかまわないが、コートに立ったら、どんな相手であれ『お前は邪魔だ』という気持ちがないと、戦う前に負けてしまう」と。

　台湾系アメリカ人という同じアジア系、しかも錦織選手よりもさらに小柄というハンデがありながら、強い闘争心とタフなメンタルで戦い抜いてきたチャン氏だからこそ、錦織選手は師事したいと思ったに違いない。チャン氏は錦織選手の技術の基本を固め直し、フィジカル面もアップさせ、そして何よりメンタル面を徹底的に鍛えあげた。そして、錦織選手は、みごとに変貌したのだ。

全米オープンでベスト八入りしたあと、「勝てない相手はもういないと思う……」と、自信にあふれた発言をした錦織選手だが、チャン氏のメンタル面強化の成果を物語るエピソードだ。

錦織選手はチャン氏の指導のもと、「自分のテニスは生まれ変わった」と言い切る。コーチを引き受けることになったとき、チャン氏は「君はたぶん、僕を嫌いになるだろう」と言ったそうだ。その言葉どおり、完膚なきまでの鬼コーチぶりだが、チャン氏は、勝つことだけを考えさせ、そのためには自分には何が足りないのか分析させ、さらに「自分がなりうる最高の選手」になるためにはどうすればいいのかを考えることを要求した。

同時に、チャン・コーチが錦織選手に言いつづけたのは「自分を信じろ」だという。「自分を信じろ。絶対に勝てる！」とチャン氏に一日に何回も言われ、錦織選手は自分でも「そう思わないといけない」と思ったという。そして、メンタル面でいろいろなアドバイスを受けたことで強くなってきたし、テニス以外でも支えになっているというのである。

もともと自信を持っている人は多くない。では、自信がある人とはどういう人か。

自信のある人は、自分の行動によって得られるものは何なのか、失うものは何なのかを知っている。そのため、行動する前は内心ではオドオド・ビクビクしていても、自分が手に入れたいもののために、あえて行動するのだ。そこにあるのは、一歩を踏み出す勇気だ。

つまり、人前であがったり、オドオド・ビクビクするのは、自信がないからではない。じつはこういう人こそ、不安の原因やそれを乗りこえる方法を知りさえすれば、本物の自信が生まれ、人生の要所要所で十二分に能力を発揮できるのだ。

あがらない自分をつくり、自信を身につけるための技術を、次の五つにまとめてみた。

①プライド……自分の能力や他人の評価に対する自信を高くもつ

②セルフ・モニタリング……自分の言動が、その場にふさわしいかどうか悩んだり、他人にあわせてしまったりする傾向を弱める

③セルフ・コントロール……自分に関係したできごとは、他人のせいではなく、自分自身の性格や行動の結果だと考えるようにする
④モチベーション……目標を達成しようとする、やる気を高める
⑤フラストレーション……緊張する場面でも冷静に行動できるように、ストレスに対する耐性を高くする

この本では、この五つの要素を実行するための方法を具体的にお話していくが、まずは本文を読む前に、目次のあとの〝自信度診断テスト〟をやってみていただきたい。このテストで、自信を身につけるために、あなたには何が必要かがわかるはずだ。この診断の結果をもとに本文を参考にしていただければ、あなたの〝自信度〟はぐんぐん上がるに違いない。

自信の〝もと〟は、だれでも持っている。要は引き出し方しだいなのである。この本が、自信をもって自分の力を充分に発揮するための手がかりになれば幸いである。

渋谷《しぶや》昌三《しょうぞう》

もくじ

2　他人の目など気にするな、自分の言動に迷いをもつな！

3 逃げることなく心を開いて、ありのままの自分をみつめろ

4 ドキドキ、ハラハラの一線を踏み越えれば大きな山を動かすこともできる

5 自信がつく「自分だけの儀式」をつくろう

質問3

1：成功するか失敗するかは、自分の努力や性格によると考えている。	
2：自分の言動を、自分自身でコントロールすることができる。	
3：不幸な出来事は、不運というより、自分の行ないが悪かったからだと考える。	
4：管理職になれるかどうかは、運や偶然というより、自分の才覚でチャンスを生かせるかどうかによる。	
5：自分の運命は、自分の手で変えることができるはずだ。	
～　診断結果は、三章104ページへ　～	合計　　点

質問4

1：自分で始めたことは、なんとしてでも成功させたい。	
2：他人の真似ごとではない、ユニークなことをしたい。	
3：将来は、専門家として成功したい。	
4：ライバルと競争して勝ちたい。	
5：将来は、管理職として成功したい。	
～　診断結果は、四章138ページへ　～	合計　　点

質問5

1：約束していた相手から、「今日は会えない」と言われたら、「なんとか都合をつけてほしい」と言う。	
2：上司に「この書類は間違っている」と指摘されたら、「どうすればいいんですか」と聞き返す。	
3：約束の時間がかなり過ぎても相手がやって来ないとき、「あの人はよく遅れるから」と言う。	
4：「あなたはウソつきだ」と言われたら、「あなたこそウソつきだ」と言い返す。	
5：同僚から「書類を紛失してしまったようだ」と言われたら、「もっとよく探してくれ」と言う。	
～　診断結果は、五章178ページへ　～	合計　　点

ひと目でわかる「自信度」テスト

＊この本を読む前に、あなたの“自信度”をチェックして下さい＊

今の自分を、人前で緊張して力を発揮できないと思っているあなた。あなたにはどれくらい自信があるでしょう。また、いまのあなたに、足りないものは何でしょうか。

つぎの質問に答えると、あなたの自信度がはっきりわかります。

「はい」は20点、「いいえ」は0点、「どちらでもない」は10点としてそれぞれの合計点を出し、各章に進んでください。

質問1

1：まわりの人たちを、好意的に評価する傾向がある。	
2：自分は悲観的で、自責的で、凝り性なタイプではない。	
3：目立った立場におかれても、苦痛にはならない。	
4：他人からの評価には自信がある。	
5：自分の気持ちや感情は、素直にあらわすほうである。	
～　診断結果は、一章20ページへ　～	合計　　点

質問2

1：レストランでは、自分一人でメニューを選ぶことができず、つい人に相談してしまう。	
2：嫌いな人と同席したときに、相手に気に入られようとして下手に出てしまうことがある。	
3：仕事をさぼっている同僚に対してはよくないことだと思うし、本人の自覚にまかせているからこうなるのだと考える。	
4：会議で自分のプランを発表するときに、多少の誇張と演技を加え、プランの良さをアピールするなんてことはできない。	
5：もし自分が俳優だったら、“大根役者”ではなく“演技派”になったと思う。	
～　診断結果は、二章62ページへ　～	合計　　点

1

自分には力がある、ツキがあると信じて行動してみよう

①あなたのプライド度は？

一七ページの自信度テスト、質問1の合計点は何点でしたか？

この点数はあなたのプライド度を示しています。つまり、点数が高いほどプライドが高いというわけです。

プライドの高い人は、自分の行動や言動が、他人から高い評価を受けるはずだという信念があり、それを実行するだけの能力が自分に備わっていると考えているので、自信をもって行動することができます。

もしあなたのプライド度が50点以下なら、自信があまりなくても、とにかく積極的に行動して、プライドを高めていくといいでしょう。そうすることで自然と自信も身につくはずです。

一章では、どうすればプライドが持てるようになるかを紹介していきます。

●得意分野で誰にも負けない自分の〝城〟をつくれ

散歩中の犬が電信柱などに小便をかけ、ほかの犬に自分の行動範囲、つまり〝なわばり〟を主張していることは、どなたもご存じだろうが、このなわばりは、動物にかぎらず人間にもある。

人間にとって、もっとも身近で大きな意味を持つなわばりといえば、自分の家になる。よく、会社のつき合いなどで飲みにいって、終電がなくなったあとでも、ほとんどの人がホテルなどに泊まったりせず、高いタクシー代を払ってでも帰ろうとするのは、自分の家という〝なわばり〟の中が、自分にとってもっともくつろげる空間だからである。

このなわばりは、自分の家に限られるわけではない。たとえば、ＯＬのたまり場のベスト・スリーは、トイレ、ロッカールーム、コピー機のそばなのだそうだが、ここも、ＯＬたちにとってはひとつのなわばりになっている。だからこそ、彼女たちはオフィスの机の前に座っているときとはまるでちがう、素顔や本音を見せるのだろう。なわばりの中では、そこにいる人はみずからのアイデンティティ（自己同一性）をとりもどし、安心して、無防備なままでも行動ができるのだ。

私がここでながながと〝なわばり〟についてお話ししてきたのはほかでもない。このなわばりを、空間だけに限らず、自分の心の中にも、自分がくつろぐことができる〝なわばり〟にしてはどうだろうといいたかったからだ。

たとえば自分が好きでやっている趣味は、それをやっているときは、気分をくつろがせることができる一種の〝なわばり〟だといえる。そこで、どうせなわばりをつくるなら、すこしぐらいの災害や攻撃ではくずれることのない〝難攻不落の城〟にしてしまってはどうだろう。好きな気持ちではだれにも負けないと思える、趣味や得意分野を持つのだ。この自信が強いほど、堅固な城が築けるはずだ。

学校の成績はよくないし、素行にも問題がある高校生が、大好きな車やバイクのことならば夢中になって本を読むし、目を輝かせて初対面の相手と何時間も話をしたりする。これも〝自分の好きな分野〟という〝城〟の中だから、〝水を得た魚〟のようにふるまえるのだ。

この〝城〟の中にいるときの自信は、度胸を出す〝コツ〟のようなものをつかむのに役立つ。自分の〝城〟で他人と接したり、勝負をしたりしていくうちに、自信のある態度が身についてくる。するとなわばりの外に出たときでも以前ほどオドオドせずに、度胸がすわってくるものだ。

高校野球の指導者に、「欠点を直す」のではなく、「長所を伸ばす」という考え方の人が多いのも同じことだ。バッティングは素晴らしいが守備はからきしダメという選手が試合でヒットを打ち、ヒーローとなっていくと、いつのまにか守備も板についてくる。得意の打撃での思いきりのよさが守備にも影響し、それまでいつエラーするかと心配していたのが、自信をつけたことによって守備だってできると思えるようになるのである。つまり無意識のうちに、自分の〝城〟のなかでつかんだ自信を、〝城〟から出たときでも発揮できるようになったのだ。

●自信がないなら、まず得意なことではずみをつけろ

私が、親しく近所づき合いしている家に、小学校五年生のひとり息子がいる。彼は素直ないい子だが、勉強もスポーツも得意なものがない、どちらかというと目立たないタイプの子どもだった。

それがあるとき、社会の時間に正解者が三人しかいないというむずかしい問題を正解して、先生からほめられた。これがきっかけになって、彼は社会が大好きになったそうだ。それ以来、以前は家で開こうともしなかった教科書を楽しそうに読んだり、お母さんに本を買ってくれとせがむようになり、社会の成績はグングンとよくなって、クラスのなかでも一目置かれる存在になった。

すると、それまで平均点ギリギリか、すこし下ぐらいだった国語や算数や理科も、いつのまにかクラスで上位の成績をとるようになった。それればかりではない、体育の時間にもいきいきとして、運動会で活躍するまでになった。社会を好きになり自信がついたことで、

ほかの科目にまで積極的な意欲がわくようになったのである。心理学ではこれを〝自信の移転の原則〟という。

試験のときには、「最初からむずかしい問題にアタックしないで、簡単な問題からまず手をつけろ」といわれるが、これも同じ考え方である。なにかひとつのことがうまくいったという安心感と自信は他の領域にまで広がっていく。

体操の選手は、競技会のときにどの種目からスタートするかをとても気にする。得意な種目から始まって高得点が出ると、苦手種目もいい演技ができるのだが、最初が嫌いな種目で緊張感も手伝って失敗してしまうと、あとあとまで尾を引いて得意なものまでダメになってしまうらしい。

このように、勢いというのも大事なのだ。自信のないことをするときには、そのまえに、まったく関係のない趣味でもいいから、何かひとつ得意なことをやってみて、その自信を〝踏み石〟にしてはずみをつけるといい。この〝踏み石〟によって、いままで無理に思えたことにも飛びつく度胸が出てうまくいきやすくなるし、うまくいったことがまた新しい得意分野をつくるきっかけになって、ますます自信も度胸もつきやすくなるのである。

●「プロではないのだから当たり前」と思えば自尊心は傷つかない

私も、ときどきテレビに出ることがある。カメラに向かってしゃべることには慣れていないので、本番中はすごく緊張するかと思っていたが、実際に出てみるとそれほどではない。これはおそらく、私の専門の心理学の研究という仕事が、テレビとはなんの関係もないからだろう。

タレントでもアナウンサーでもない私にとっては、たとえテレビ出演でしゃべるのを失敗したとしても、「プロではないのだから当たり前だ」と、自尊心が傷つけられる心配がないとわかっているからだ。

自信がない、度胸が出ない原因の一つは、それで失敗してしまって、自尊心を傷つけられるのがいやだという防衛本能が働くからだ。好きな女性がいるのにどうしても〝告白〟できないというのはその典型的な例だろう。「彼女の前に出ると言えなくなっちゃうんですよ」という男性を「女性と話をするのが苦手なのかな」と思ってみていると、同じ職場のOLとは冗談を言いあったり、合コンで知りあった女の子ともけっこう楽しそうにやっている。

彼は、好きな女性に思いを打ちあけて、「ノーと言われたらどうしよう」「ふられたらすごいショックを受けるに違いない」という不安がじゃまをして、打ちあけられないのである。

私のテレビ出演の場合は、はじめから失敗したときの〝逃げ道〟をつくってしまっているということを考えれば、ほんとうの度胸とはいえないかもしれない。しかし、自分のもっとも得意なのはこれだ、というものを持っていれば、そのほかのことにはけっこう簡単に度胸が出せるということだけは間違いない。

自分はここで負けても、身を寄せる〝難攻不落の城〟があるとわかっていると、新しいところへ進出していきやすくなる。しかも気楽にやっているからか、うまくいくことも多く、その成功がまた新しい自信を生みだしてくれる。そして、こうした繰り返しをしていくうちに、いつしか「ほかに本職があるからここでは失敗してもいいんだ」という〝言いわけ〟をしなくても、ほんとうの自信が生まれるようになってくるだろう。

●くわしい〝イメージ・マップ〟づくりで、ためらいを自信に変えろ

学生に、いま自分の頭の中にある、通学している大学とその最寄り駅周辺の地図を、白い紙に描いてもらったことがある。できあがった地図は人それぞれだが、描いた人の日ごろの生活圏の広がりや内容、どんなことに興味を持っているかや行動力、友達とのつき合いまでが強く反映されている。

学校やクラスメートに慣れるのに懸命な新入生の地図には、数軒のファストフードショップと銀行ぐらいしか描かれていない。いっぽう、交遊関係も幅広くなり、コンパなども多く経験している三年生にもなると、学校の裏にある喫茶店やパチンコ店、マージャン荘、カラオケボックス、居酒屋などが数多く載った、くわしい地図を描くようになる。くわしい地図を描く人ほど、豊かな大学生活を送っていると思っていいだろう。

はじめてこの大学を訪れようとするとき、どちらの地図が役に立つかと考えれば、当然三年生が書いたくわしい地図のはずだ。いままで行ったことのない土地を訪ねるとき、地

図は目的地にたどりつくための頼りである。くわしければくわしいほど、道に迷う心配もなく歩いていける。

道がわからないときだけでなく、何かをやろうとするときも、あらかじめ、どう辿っていけばいいのかという地図を思い描いてみるといい。やりたいことを実現するための道を示してくれる〝イメージ・マップ〟づくりだ。それも、現在自分が立っている地点から、〝目的地〟までの道筋をできるだけくわしく頭の中に書きこんでいくのである。これがためらいを度胸に変える。

犬ぞりによる北極点到達をはじめ、世界五大陸の最高峰登頂などで知られた冒険家、故・植村直巳さんも、冒険にでかけるまえには、綿密な〝イメージ・マップ〟を描いた。手にはいるすべての資料をもとに、植村さんオリジナルの地図をつくっていたのだ。その地図があったから、あれだけの冒険が成功したのである。もし、なんの手掛かりもない地図を渡されて「あの山に登ってこい」といわれたら、それがたいした危険もなく登れそうな山でも、植村さんは拒否しただろう。

冒険ばかりでなく、仕事でもなんでも同じである。自分や組織の目標、目的までの道筋をしっかり描いた〝イメージ・マップ〟をつくってから歩き出せば、何が見えたらどっちに曲がればいい、何かにぶつかったらこう進めばいい、ということがわかっているから、自信をもって歩いていける。度胸にしても同じだ。ある程度「いける」という判断があってこそ発揮できるものなのだ。

●他人の成功談を聞いて、〝イメージ・マップ〟の道すじを増やせ

心理学者のマックスウエル・マルツは、「人間の脳は、現実のできごとと、現実と同じくらい鮮明に描いたイメージとを区別できない」といっている。逆にいえば、現実と同じくらい鮮明な〝イメージ・マップ〟を描いておけば、現実に行動したときに大いに役にたつということになる。スポーツ選手がイメージ・トレーニングを重視するのもこのためだ。

サッカーの本田圭佑選手は、試合前には良いときのプレーを思い浮かべ、「こうしたい」というイメージをつくるそうだ。アスリートにとっては当たり前のことかもしれないが、

意識してこういうイメージ・トレーニングをしていれば、たいていの課題は克服できると言う。「脳は無限だから」とも。

イメージ・トレーニングといえば、日本のスポーツ界では長嶋茂雄氏が先駆者だった。「バッターボックスに立ち、来た球を芯でとらえ、その球がバックスクリーンに消えていく」というのがホームランのイメージだとすると、長嶋氏にはその先があった。監督や選手仲間からハイタッチで迎えられ、試合後には仲間と一緒に銀座のクラブで気持ちよくお酒を飲む。翌朝にはコーヒーを飲みながら、新聞の一面に載った自分のサヨナラホームランの記事を読んでいる、と。

そこまでリアルにイメージをつくりあげるため、心理学者のマックスウエル・マルツの説ではないが、現実との区別がつかなくなることもあったとか。どういうことかといえば、練習を終えたあと、すっかり試合が終わったつもりになって入浴して帰ってしまったこともあるそうだ。長嶋氏らしいエピソードである。

それはさておき、この、鮮明な〝イメージ・マップ〟づくりには、他人の成功例を聞くことはとても役にたつ。受験必勝法のひとつとして、「先輩の合格体験記」が、雑誌でよくとりあげられている。それらを見ていると、勉強の仕方も本番にのぞむときの心構えも、人によってさまざまである。それだけに、いろいろな人の成功例を聞けば、目的地へたどり着くための道も方法も増えることになる。

毎日の通勤路でも、ひとつだけということはないはずだ。たとえ、重要な会議のある朝に、事故で電車が不通になっても、予備ルートをしっかりと確保してあれば、何事もなかったのように会議に出席できるだろう。

同じような状況に出会ったときに、他人の経験ではあっても、それへの対処法を知っているだけで、うろたえずにすむものだ。他人の成功例を知り、それを頭の中で自分にあてはめて考えてみることは、重要なイメージ・トレーニングなのだ。

他人の経験と、自分のこれまでの成功例を考え合わせれば、自分にいちばん合った道や、やり方を選ぶことができる。将棋の棋士は他人の棋譜を検討し、過去の自分の対局にあてはめて同じ場面になったらどう指すか考えるというが、その裏づけがあるから、どんな局面になっても冷静に最善手を選べるのだ。

どんなに自信があるように見える人でも、はじめてのことをやるときは不安だし、自信も出てこないものだ。だが、ほんとうに度胸のある人は、そこでしっかりとした〝地図〟をつくって、それを手掛かりに進んでいく。自分のいる位置、どこで曲がればいいのかイメージができていれば、進んでいく勇気や自信もわいてくる。

●くじけそうになったら、〝ごほうび〟を思い浮かべてみろ

街を歩いている人の足取りを見ていると、その人が期待に胸をはずませて目的地に向かっているのか、できれば引き返したいと思いながらいやいや歩いているのかが、なんとなくわかるものだ。

デートのときなど、待ち合わせに十分まにあうとわかっていても、ついつい早足になってしまうが、怒られるとわかっている相手に会うときなどは、足取りも重くなりがちだ。心理学的にみると、こういうとき恋人は「正の誘発性」を持ち、会いたくない相手は「負の誘発性」を持っているということになる。

〝イメージ・マップ〟にも、目的地に「正の誘発性」を持つものがあれば、それを思い浮かべるようにすることで、それだけ早くたどりつくことができる。そのためには〝目的地〟にたどりついたときに得るものを、思い浮かべるようにすればいい。単純なことだが、成功したときのことを考えて、それを励みにするのである。心理学の用語ではこれを〝報酬の効果〟というが、身近なところにもいろいろな例がある。

受験勉強も、毎日の勉強の辛さばかり考えていたら勉強する気力が起こらないが、大学に入ってからの楽しい生活を思い浮かべれば「よしやるぞ」という意欲もわくだろう。あるマラソン選手は、レース中に苦しくなったとき、表彰台に登ってからホテルに帰って飲むビールのうまさを思い浮かべ、自分を勇気づけて走ったという。

何かを始めようとするときに、自分が成功した姿を具体的に細かくイメージするようにすれば、それだけでいざ本番というときに、緊張せずに余裕が生まれてくる。好きな女性に気持ちを打ち明けたいというときも、彼女が自分の気持ちを受け入れてくれたときのことを思えば、アタックしてみようという気も起きてくる。

いい結果を考えることで成功に結びつけるというのは、〝メンタルリハーサル〟と呼ばれるやり方だ。着くのが楽しみに思える〝目的地〟の〝イメージ・マップ〟をできるだけくわしく描き、モチベーションを高めていけば、それだけ早く目的地にたどりつこうと、自然に自信もわいてくるはずだ。目標の大きさにくじけてしまう前に、一度この方法を試してみてはどうだろうか。

●スピーチの前日には、予行演習でプライドを高めておけ

結婚披露宴でのスピーチで思うようにしゃべれない原因は、いうまでもなく晴れの席で大勢の人の前で話すという慣れない経験のため、うまくできるかという不安がプレッシャーとなり、平静さを失ってあがるからだ。

あがるのは、本番がどんな状態でやってくるのか想像がつかないことに対する、「環境の未分化状態」と呼ばれる心理状態のためである。いつもはどんなに冷静に行動しているように見える人でも、未知の経験に対する不安はある。現在、野球解説者で元巨人軍の江川卓投手は入団記者会見のときに興奮して質問する記者に、「冷静にやりましょう」とい

ったほど冷静で、自信があるように見える人物だが、その江川さんでも公式戦初登板でマウンドにあがったときは、マウンドが傾斜していることもわからないほど、あがっていたという。

なるべくあがらないようにして、冷静に本番に臨みたいと思うなら、本番に近い状態をまえもって自分でつくって、味わっておくといい。自分は本番に弱いから、どうせ今度も失敗すると、はじめからあきらめてしまっては、度胸もつくはずがない。本番で緊張することがわかっているなら、とりあえず本番のまえに、本番に近い状態を自分でつくってしまい、できるかぎり本番の雰囲気や精神状態に慣れるようにするといい。

日本プロゴルフ界の草分け的存在であった故・中村寅吉プロは、小柄で飛距離が出ないため、スコアメイクのカギがアプローチショットなどの小技にあった。小技には、技術がたいせつなのはもちろんだが、どれだけ冷静に、しかも思いきりよく打てるかという自信も重要である。

中村プロは実戦の心理状態で練習するために、気を抜いたら窓ガラスを割ってしまうような、クラブハウス越えにアプローチを練習した。こうしてふだんから、神経を一本の束にして張りつめてかかることで、技術とともに、ここ一番でもビクつかない度胸を鍛えたという。

いくら本番を想定しての練習でも、本番と同じだけのプレッシャーはさすがにかからないだろうが、こうして小さな度胸を少しずつでも出しておけば、つぎに大きな自信を生むことは、そうむずかしいことではなくなる。

保険のセールスマンに玄関先でいきなり「加入してください」と言われても、たいていの人は断わるだろう。しかし、「ちょっと話だけでも聞いてください」と言われ、「話を聞くだけなら」と思っているうちにすこしずつ、保険に加入することまで「いいかな」と思ってしまう心理と似ている。

これはフット・イン・ザ・ドア・テクニックというセールスマンたちの常套手段なのだが、人間の心理として「話をきく」という小さなことを承諾したあとには、「保険に入る」という大きなことまで断りにくくなる。度胸や勇気も同じで、小さなことから大きなことへと段階を追っていけば出しやすくなる。つまり〝度胸のジャブ〟を何度もくり出していると、勢いや自信がつき、それが〝必殺のパンチ〟を生み出すもとになるのだ。

もしあなたがスピーチをしなくてはならないなら、数日まえや前日に、小人数の前で話をする機会をつくったり、カラオケで歌ってみるなど、似たような小さな緊張感を味わっておく。この経験が、心の余裕や自信を持たせ、ぶっつけ本番で臨むよりも、ずっと度胸を出しやすくする。

●自分なりの〝度胸を出すマニュアル〟をたくさん用意しておけ

これは私の親戚の話だが、いつも母親に連れられて買い物に行っている三歳の男の子が、ある日、スーパーへひとりで行き、お菓子を買って帰ってきた。母親はもちろん、その話を聞いた大人たちは、商品もたくさんあれば人も大勢いるスーパーへ、こんな小さな子がひとりで行って、よく買い物してきたものだと驚いたが、その子にすれば、そんなにすごいことをしたとは思っていないだろう。

いつもと同じ道を通ってスーパーにはいり、カゴをとってお菓子売り場に行く。そこでいつも母親がとっている棚からお菓子をとってカゴに入れ、そのままレジにカゴをおいて、持っている一〇〇円玉をレジにいる女性に渡す。いつも母親がやっていることと、同じことをしてきただけなのだ。

つまり彼は、毎日母親の買い物の様子を見ることで、それを学習してマニュアル化し、そのマニュアルどおりのことをしたのだ。このようにマニュアル化してしまえば、たとえ子どもでも、まわりが騒ぐほどたいしたことでもなければ、度胸のいることでもない。こういうときはこうすればいい、というマニュアル化さえきちんとできていれば、不安を感じたり、うろたえたりすることはないのである。

あるレーシングドライバーに、「猛スピードで走っているときにタイヤが滑ったり、スピンしたりして、よく簡単に態勢がたてなおせますね。われわれ素人だったら、うろたえてしまうだけで、なにもできませんよ」といったら、「これまでの経験から、クルマがこういう挙動をしたときはどうすればいいかをわかっているから、落ち着いてそのとおりにしているだけで、なにもすごいことをやっているわけではありませんよ」と答えた。ハンドルをどう切る、アクセルやブレーキをどう踏むかというマニュアルを、頭と体の中に植えつけて、そのマニュアルどおりにできるかどうかの差だというのだ。

何もこれは運転技術にかぎったことではない。毎日の生活を送っていくなかでも、どんな場面に遭遇し、どんな勇気や度胸を求められることがあるかわからない。そのいろいろな場面で落ち着いて対処できるかどうかは、自分なりのマニュアルをどれだけ多くもっているかで決まってくる。経験、つまり、マニュアルがないから、おじけづいたり慌てふためいたりするのだ。さまざまな経験をして、マニュアルをたくさん作ってあれば、慌てたり騒いだりせずに、いつもどおりの精神状態でいられる。

そこで、マニュアルをたくさん持ちたいと思ったら、いろいろなことを体験する機会を自分で見つけることだ。いまの自分にとってはなんの関係もなさそうなことでも、無意味だといって手をださないのではなくて、とりあえずは首をつっこんでみる。その経験が、いつどこで役にたつかわからない。

ある大手コンピュータメーカーの取締役部長は、もともと技術職として入社したのだが、営業に異動してからとんとん拍子に昇進し、いまの地位を射とめた。彼は技術者だったころから、時間があると営業マンと一緒に酒を飲んだり、得意先まわりをしたりすることが多かったそうだ。当時は、同じ技術者の同僚たちからムダだからやめろといわれていたことが、ここにきてそのことが大いに役立つことになったのだ。

彼と同じように技術者から営業に転ずる社員は少なくないそうだが、技術者としての仕事しかしようとせず、営業マンとしてのマニュアルを持っていなかった人間は、ほとんどの場合、とまどったあげく、いきづまって生存競争から脱落していくという。

もし、まだマニュアルができてない未体験のことにぶつかったときでも、それまでに経験して、学習してきたマニュアルがたくさんあれば、応用してある程度の想像がつく。これは数学の応用問題のようなもので、新しい問題が出題されたら、それまで覚えてきた、マニュアルを使ってその問題を解く。そうやって解くことができればこの方法はまた新しいマニュアルになるのだ。

実生活のなかでも、数学のように、たくさんのマニュアルを持っていれば、それだけいろいろな場面で支えになってくれるし、その体験からまたマニュアルをつくることもできるのだ。

就職雑誌の社長インタビューを読んでいると、「なんにでもアタックする好奇心のある若者にはいってきてほしい」というコメントをよく見かけるが、好奇心は、仕事のときばかりでなくこれから起こるいろいろな場面で、自信をつけるためにも必要なのだ。

●オーバーアクションで自分をたたえ、奮いたたせろ

プロレスラーや格闘技の選手には、登場するなり会場中を獣のように威嚇したり、ポーズをとったりと、大げさすぎるほどのアクションをする人がいる。

そんなポーズをとるよりも、試合に熱中しろよと、つい思ってしまいそうだが、実は彼らがとるこんな行動にも、ちゃんと意味があるのだ。

リングに登場すると野獣のような雄叫びをあげ、派手なアクションをする。するとそれによって観客の目は彼に吸い寄せられ、会場中の興奮のボルテージもいっきにあがる。セコンドやスタッフたちも、その雰囲気によって気合がはいったことだろう。

彼のオーバーアクションは、バンドワゴン（楽隊車）アピールの役目を果たしていたの

だ。笛や太鼓の響きによって、祭りの雰囲気はいっきに盛り上がっていく。会議の席でも、ひとりの賛同の拍手がきっかけとなって、拍手の渦が巻き起こることがあるのを経験している人は多いだろう。

力をもっと発揮したい状況になったら、自分自身に気合を入れるために、このようにオーバーアクションしてみるといい。過剰な態度をとることで自分以上に元気な自分を発揮させ、ムードを盛りあげるのだ。

かつての名テニス選手のジミー・コナーズは、自分で雰囲気をつくることが上手だった。彼は、試合の流れを自分のほうにもってきたいときや勝負をいっきに決めたいときになると、ポイントをとるたびにオーバーなガッツポーズをする。それによって自分自身をいっそう燃えたたせるとともに、観客を自分の味方にしてしまう。

いっぽう、史上最年少、十六歳で世界ランキング一位になったマルティナ・ヒンギスは、自分がミスしたり、審判のミスジャッジがあると、ラケットを叩きつけて怒っていた。自分の悔しさやはがゆさを、より激しく行動に表わすことで、自分に気合を入れ直しているのだ。

スポーツの試合で勝ったり、試験の成績がよかったときに、友達や恋人が一緒に喜んでくれると、喜びは倍増し、実際はたいしたことをやったわけではなかったとしても、ずいぶん大事業を成しとげたような気になるものだ。この友達や恋人の役目を、〝もうひとりの自分〟に演じさせるのだ。ふだんの自分以上に喜んでいるもうひとりの自分が、実際以上にすごいことをやってのけた気分にさせてくれ、大きな自信が植えつけられるだろう。

この自信が、「ひょっとしたら自分にはできないかもしれない」と弱気になる気持ちを、「絶対成功するはずだ」と強気な気持ちにさせ、度胸も発揮され、大きな自信が生まれてくるようになるのである。

●自己評価をすこし引き上げてみよう

緊張しない自分を作り、度胸をつけていくには、自分のほんとうの姿と向かい合うことがたいせつだが、自信がないと思っている人は、自分の姿を見るときに、どちらかというと自分を過小評価してしまう傾向があるようだ。

私のゼミでも、私と二人で話すときは、なかなかユニークで鋭い指摘もするし、しっかりとした自分の意見を持っている学生が、ゼミの発表などで、いざ大勢の前で討論する段になると、自分の意見が言えなくなってしまうケースがある。本人は、自分の意見に自信が持てないからだと言うが、私からみれば、なかなかどうして立派な意見である。どうしてもっと自信を持てないのか、見ていて歯がゆい。

こういう人は、自己評価をすこし引き上げてみてもいい。性格的に考えれば、すこし引き上げたとしても、それが過大評価までいくことはなく、おそらく、ちょうど〝等身大〟の正当な評価におさまるはずである。

過小評価でもなく、過大評価でもない正当な自己評価ができれば、慎重でなおかつ大胆な決断や行動で、人生の要所要所で十二分に力を発揮できる自信がついてくる。

シュテファン・ツヴァイクが書いた伝記によると、史上初の世界一周航海に出たマゼランは、船団の五隻の船全部の「マストの先端から竜骨に至るまで、まるで自分の手の爪のようによく知っていた」という。

なにしろ、まだだれも成し遂げたことのない航海なので、世界一周にいったいどのくらいの日数がかかるものかもわからない。マゼランは二年かかると想定して、乗組員二百六十五人分の食料を用意した。そして、極地の酷寒にも熱帯の灼熱にも耐えられ、嵐の中でも無風状態でも航行できる船をつくり、見知らぬ地で起こり得るありとあらゆる可能性を考えて、武器や交換物資などを周到に用意したという。

ツヴァイクによれば、マゼランはその大胆な構想力において天才的であったばかりでなく、あらゆる細部を十分に考え抜き、計算をしつくす点においても、天才的だったのだという。

マゼランが、航海中に出会った数々の困難に対して冷静沈着に対処できたのは、自分の船団の力を細部まで知りつくしていたからである。マゼランにとっては、船もまた自分の一部だ。船も含めて、正当に〝自分〟を知りつくしているからこそ、未知の海に船出する自信をもつことができたというわけである。

自分を知りつくしている者は、また、自分を信頼することができる者だといっていいだろう。そして、自分を信じられる者はツキを呼び込むことも可能だ。自分を過小評価している人は、おうおうにして「自分にはツキがない」と考えがちである。だが、低すぎる自己評価を正当な位置まで引き上げさえすれば、自分を信じることができるし、自分を信じて行動しているうちに、いつしかツキを自分のものにして、度胸を発揮することができるようになるのである。

●〝わがまま〟で自信とプライドを取り戻せ

自分に対する評価を低めに設定している人が、その評価を正当レベルまで高めるためには、勝手に「自分には力がある」と思いこんで、わがままにふるまってみるのが、もっとも手っ取り早い。また、そう思いこんだところで、さきほどからお話しているようにけっして過大評価にまではつながらない。

長嶋茂雄さんは、現役時代は相当〝わがまま〟であったらしい。打順が回ってくると、ネクストバッターズ・サークルに入るまえにきまって、近くにいる選手が吸っているタバコを取り上げ、二、三回パッとふかしたそうだ。しかも手にしたタバコはそのまま灰皿行きで、持ち主に返されたことはなかった。そして、ベンチにいる選手の足を踏みつけても平然として、そのままバットを持って出る。このとき、ほかの選手のバットを間違えてもっていくこともしばしばだった。

守りのときは、ショートの広岡達朗選手の守備範囲に飛んできた球を、横から捕って拍手喝采を浴び、広岡選手をくさらせたという話は有名である。

だが、長嶋選手のこのような振るまいは、周囲からは〝わがまま〟とは思われず、愛すべき奔放さと受けとめられていた。そのように受けとめられたのは、天性の明るい性格によるものが大きいだろう。

もっとも長嶋さんの〝わがまま〟が許されたのはそれだけが理由ではない。だれもまねができないような素晴らしいプレーを、打球に対する驚異的な集中力をもってグラウンド上で演じてみせたからでもある。つまり長嶋さんの〝わがまま〟は、集中力の表われともいえるものなのだ。それをわかっていたので、チームメイトは長嶋選手の振るまいを笑い話のタネにこそすれ、けっして憎んだり、嫌ったりしなかったのである。

長嶋選手の明るさは、天性のものもあるだろうが、それ以上に、自分自身に対する信頼からきているように思う。そしてその信頼が、驚異的な集中力を生んだのだろう。

歴史上の人物で長嶋茂雄氏に似ている人間を探すと、豊臣秀吉は案外該当するのではないかと思う。真偽のほどは定かではないが、その秀吉にこんなエピソードがある。まだ若い放浪時代に、易者に「凶相だ。出世はできん」と言われた秀吉は、どんな手相が吉相かと聞き、言われたとおりに小刀で手のひらに線を刻み、「これでいいだろう」とうそぶいたというのである。なんと秀吉は、自分の運勢にまで我を通したというわけだ。そして実際に、秀吉は自分の運勢を変えてしまったのである。

秀吉は似たようなことを明智光秀討伐のときにもしている。本能寺の変の二日後に、居城の姫路城に戻った秀吉は、「明朝出陣」の命令を全軍に出した後、祈祷僧に吉兆を占わせた。ところが、祈祷僧は「城主が二度と戻らぬという卦が出ておりますから、明日の出陣は避けますように」と言いだしたのだ。

これに対して、秀吉は「二度と戻らぬというのは、そのとおりだ。わしは光秀を討った後は、どこか他の城を居城にしようと考えていたからだ。つまり、吉の卦が出たということじゃな」と明るく言ったそうだ。今度は占いの結果を、自分の都合のいいほうへ勝手に解釈してしまったのである。

秀吉のこういう強引さをみならってみるのもいいだろう。不当に低めている自己評価を上げて自信をつけるために〝わがまま〟になることを、一度おすすめしたい。これまで、自分に自信がないから度胸が出ないと思ってきた人にとっては、自己評価をちょっと高くしてみるだけで、思いもかけないほど度胸がついてしまうことが多いはずだ。

●会議で、〝リーダーの席〟をぶんどってみろ

ヒトラーは青年時代、喫茶店に入ると、人の出入りが見え、店内が見渡せる席に好んで座ったそうだ。これは、たんなる〝クセ〟というよりも、ヒトラーの強い支配欲求を示すものといえそうだ。このことは、会議のときにその場をとりしきる議長の席が、ほとんどの場合、参加者全員を見渡すことができる席になっていることからもわかるだろう。

なぜ、私がこのような話から始めたかというと、会議や打合せなどでの座席の選び方が、自信をつけるための訓練になるからだ。

座席の位置が、その人の言動に与える影響は大きい。心理学の実験で、はじめて会った

五人に四角いテーブルで、向かい合わせに座って話をしてもらったことがある。このとき、テーブルのいっぽうには二人、もういっぽうには三人に分かれて座ってもらう。こうした座席配置で討論をしてもらい、あとで参加者全員に「だれが討論の実質的なリーダーだったと思いましたか」とたずねると、二人で座っていた人たちのほうが、三人で座っていた人たちよりもリーダーだとみなされていたという結果が得られた。

ふだんから積極的だとかおとなしいほうだとかいった、参加者本人の性格とはあまり関係なく、とにかく二人で座った人たちのほうが、リーダーとしてみなされるような発言やふるまいをしたということなのである。

これはなぜかというと、人数の少ない二人の側の席に座ると、三人座っている側の席に座ったときよりも、多くの参加者から見られる立場となると同時に、より多くの相手の反応もつかみやすいからだ。これにより、自然に積極的な立場をとるようになり、リーダーシップを発揮するのだろう。

以前、プロ野球の二人の監督がミーティングのときに、長方形のテーブルのどの席を選ぶのかを調べたことがある。すると一人の監督は短い辺の席を好み、もう一方の監督は長い辺の中央の席を好んだそうだ。この結果は、二人の監督としてのタイプの違いを、じつにはっきりと表わすものだといえそうだ。

素直で、仕事一筋という印象を与える監督は、課題をもっともはやく解決するために、リーダー・シップを発揮しやすい短い辺の席に座る。いっぽう、ときには選手を殴ったりすることもあるという、親分肌タイプの監督は、課題の解決よりも、親しみを持たれやすい長い辺のまんなかの席に座る。おそらく二人とも無意識ではあろうが、それぞれ、リーダーとしての自分の持ち味をうまく発揮できる場所を選んでいたのだろう。

次のページのイラストのように⑤が出入り口に近い末席の場合、積極的なタイプの人は、①の上席（上座）に座ることが多いはずだ。また、親分肌タイプの人なら、③の席に座るだろう。それに対して、気が小さくて、できるだけ目立たないようにしていたいと考えている人は、④の席に座りがちだ。しかし、④のような席に座っていては、自分から話しだそうというよりも、人に任せてしまおうという気持ちになりやすい。これでは、リーダーシップをとるどころか、話をする態度さえ出ないだろう。

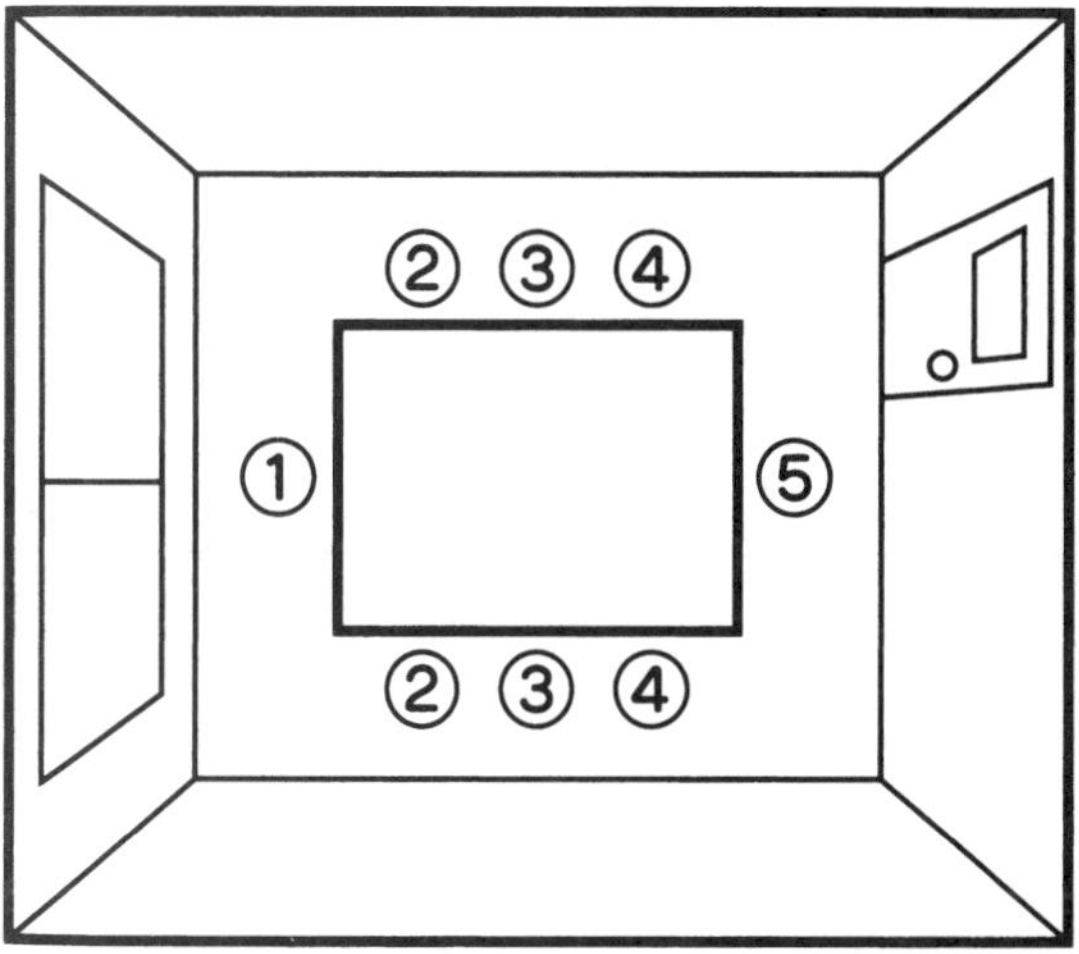

そこで、座席指定がなく、どこに座ってもかまわないという会議のときは、試しに、〝リーダーの席〟に座ってみてはどうだろう。人よりも目立つ席に座ることで、④の席に座っているときとくらべて、「なんとか話をしなければ」という気持ちが起こりやすいはずだ。

慣れないうちは、居心地が悪く感じるかもしれないが、とにかく、①や③といった席に座ってみることだ。いつもとはちがう場所から、自分がいつも座っている④の席の人を観察してみるだけでも、日ごろの自分の姿を知るうえで、参考になるだろう。これだけでも、自信をつけていくのに役立つはずだ。

また、だれもが平等の立場で議論できそうな丸テーブルの場合でも、実は〝リーダーの席〟が存在する。丸テーブルの起源は、中世のアーサー王が、自分の配下の騎士たちを差別なく扱うようにするために使ったといわれている。丸テーブルは、国際的な会議でよく使われ、最近は、丸テーブルで会議する会社も多いようだ。

丸テーブルには、参加する人たちが対等な立場で発言でき、角テーブルのように座る位置によって立場に差ができにくいという長所がある。だから、各国の利害が複雑にからみあう国際会議でよく使われるのだが、先程言ったように、ここにも〝リーダーの席〟はできるのである。それには、ちょっとした細工が必要になる。それは、丸テーブルの座に、うまい具合に空席をつくっていくのである。

たとえば、丸テーブルのまわりに十の席があり、会議に八人出席するとする。当然、二つの空席ができるが、このとき〝リーダーの席〟に座ろうと思ったら、自分の両隣を空席にしてしまえばいい。つまり、そこに座れば隣に人が座っていないぶん、いちばん多くの人を見渡せる。角テーブルでいえば、短い辺に座るのと同じだ。

もっとも、椅子の数と出席者の数が同じなら、〝リーダーの席〟はできないことになるし、たとえ空席があっても、自分の両隣を空席にするには、相当わざとらしいことをしなければできないかもしれない。そこまでするくらいなら、どこの席でもいいから早く座って、資料に目を通しておいたほうがいいだろう。

●自分にはつとまらないと思う前に、リーダーを引き受けてみろ

社長に大抜擢された人が、はじめのうちはまるで社長らしくなく、頼りなげに見えたのに、しばらくすると、不思議に社長としての貫禄がついてくるだけでなく、社長としてもすばらしい力量を発揮して周囲を驚かせる、ということがある。どんな名社長でも、最初から社長らしい人はいない、ということもよく言われるが、このことに関して、おもしろい実験がある。

いくつかの小学五年生のクラスで、学級委員を決めるときに、ふつうなら学級委員に選ばれそうにない生徒を、教師が学級委員に指名した。その結果、クラスのなかでの地位に順位をつけてもらったところ、学級委員になった生徒は、それ以前より、平均四・七位も

上がったという。ある女の子は、二一位からいっきに七位に上がったそうだ。

これは、学級委員に選ばれたということで、その生徒が注目されるようになった結果ともいえるが、本人が実際にそれだけ成長した結果とも考えられる。

選ばれたことで、その生徒は自信を持つようになるだろうし、また、クラスの代表者である学級委員にふさわしくなろうと努力もするようになる。たとえば授業中に当てられて答えられないようでは、委員として恥ずかしいので一生懸命勉強をするようになるし、みんなを引っ張ってうまくクラス運営をしなければと積極的にクラスにかかわっていくようになるだろう。こうして、〝学級委員にふさわしい人間〟を〝演じて〟いるうちに、ほんとうにりっぱな〝学級委員〟に成長していったといえるのである。

このように、ひとつの集団のなかでの地位や周囲の期待にこたえようと行動しているうちにつくられる性格を〝役割性格〟という。自分のような性格ではとても無理ではないかと思えた役目でも、やらなければならない立場に立たされることで、やれるようになる。それまでは考えられなかった度胸を発揮することもできるようになる。言いかえれば、ある程度の能力があれば、だれにでも学級委員や社長がつとまるし、そうした役目にふさわしい性格に変わることができる。人の性格というものは、与えられた状況によって、かなり大きく変化していくものなのである。

だから、先ほどの〝リーダーの座席〟ではないが、忘年会やクラス会など、チャンスがあったら、どんな小さな役目でもいいから、自分がリーダーシップをとらなければならない立場の役目を引き受けてみてはどうだろう。

幹事の役割を演じているときは、人前でしゃべったり、みんなを引っ張っていくなど、ふだんならとてもできないと思えることでも、自信をもってやらなければならない。この役も、押しつけられたのではなく、自分から引き受けた役なら、そうしたときのやる気よりも高くなるはずだ。最初は幹事らしく演技しているだけでも、こうした役割を引き受けているうちに、演技でなく、いつのまにか自然に本当の自信も身につけるようになってくる。

●会議では、「最低三つは質問する」というノルマを自分に課せ

会議の席ではかならず、よく発言する人と、ほとんど発言しない人がいるが、やはりよく発言する人ほどリーダーになりやすい。心理学の実験でも、グループ討論でもっともよく発言した人がリーダーとして選ばれる確率が高いことが明らかにされている。私の大学のゼミをふりかえってみても、ふだんから多く発言をする学生が、ゼミのまとめ役になる傾向にあるようだ。

自分を〝主役〟にして自信をつけるという意味では、ふだんから発言を多くしろということにもなるわけだが、気の弱い人にとっては自分からすすんで発言するのはむずかしい。どんなことを発表すればいいのかわからないと、尻込みしてしまう人もいるだろう。そういう人にすすめたいのが、人の発言に対して質問してみることだ。これなら発言のための特別な準備も知識もいらない。

といっても、「つまらない質問をして笑われないか」と心配する人もいるだろう。しかし、おもしろい質問かつまらない質問かは、本人が決めるのではなく、他人が決めることだ。ありふれた質問と思ったものが、ほかの人には思いもつかない盲点をついたものかもしれない。結局のところ、つまらない質問ではないかと恐れるのは、それを口実に、発言しないですむように自分から仕向けているにすぎない。

こうしたことを避けるためには、会議のまえに、「今日は最低三つは質問するぞ」と、ノルマをつくってしまうといい。ノルマを果たすためには、つまらない質問かどうかなど気にしていられなくなる。こうして無理にでも質問をしていくうちに、発言慣れし、会議の席で発言することなど恐くなくなっていくはずだ。

2

他人の目など気にするな、自分の言動に迷いをもつな！

②あなたのセルフ・モニタリング度は？

一七ページの自信度テスト、質問2の合計点は何点でしたか？

この点数はあなたのセルフ・モニタリング度を示しています。セルフ・モニタリングとは、いろいろな場面で自分自身の行動を監視し、その行動がその場にふさわしいものかどうかを判断することです。そのためセルフ・モニタリング傾向が高いと、他人の影響を受けやすく、自分の意見がはっきり言えない、度胸のない人になってしまいます。

もしあなたのセルフ・モニタリング度が50点以下なら、あまりまわりのことを気にせず、もう少しわがままになってみましょう。そうすれば自然と自信も身につくはずです。

二章では、どうすればセルフ・モニタリング傾向を抑えて自信をつけられるかを、紹介していきます。

●ときには、悪い子になってみよう

『鉄腕アトム』や『ジャングル大帝』の生みの親、故・手塚治虫氏は、日本人ならだれもが知っている〝マンガの神様〟だったが、その手塚氏が博士号を持つれっきとしたお医者さんであったことは、意外と知られていない。

医学生時代の手塚氏は、好きなマンガを描きつづけながら同時に、大学で博士号取得の研究をつづけるという二足のわらじ生活を続けていた。そして博士号を取得してからは医学の道を進むか、それとも好きなマンガの道に進むかでずいぶん悩み、結局、周囲の反対を押し切って、マンガ家の道を選んだのだという。

当時マンガ家という職業はいまのように社会から認められておらず、偉い「お医者さま」とは比べようもない存在であったことを考えると、これは世間の常識に真っ向から〝反抗〟する、度胸ある選択といえよう。マンガ家の道を選んだ動機はごく単純で、「マンガが好きで好きでたまらなかった」からだというが、手塚氏がかくも大胆な選択をすることができたのは、あくまで「好きでたまらない」という自分自身の価値観を中心にものごとを考え、周囲の期待に応える〝いい子〟になろうとしなかったからだといえるだろう。

人は、何か行動を起こしたり決断をするときには、その行動なり決断が、ほんとうに自分にとってふさわしいものかどうかを、さまざまな面からチェックしようとする。そのよりどころとなるものが、自分の価値観であると同時に、〝他人の目〟である。これを〝セルフ・モニタリング〟という。

ところが、〝他人の目〟を必要以上に意識しすぎると、自分の価値観と〝他人の目〟が複雑にからみあいすぎて〝金縛り〟状態になってしまい、結局身動きできなくなってくる。すると度胸が思うように出せなくなってしまう。そこで、身動きがとれる状態になるために、とにかく自分の価値観を一歩後退させて、まわりの期待に応える〝いい子〟を演じようとするようになる。〝他人の目〟に逆らうよりも〝いい子〟になるほうが、精神的にラクな状態を生み出してくれるからだ。

このように、セルフ・モニタリング傾向が高くなると、自分がほんとうに何をしたいかよりも、「上司の言うとおりに事を進めれば、上司に気に入られるだろう」とか、「親の期待どおり医者になれば、親がホメてくれるだろう」などと周囲の人間の期待、思惑に自分を合わせることだけを考えてことを進めようとする。

しかし、これはほんとうに他人の考えを尊重しているわけではない。意思決定の責任を、他人や社会といった自分以外の第三者に押しつけることによって、問題から逃げようとしているだけだ。他人の指示にしたがって動く限り、「もし失敗したとしても、自分で責任をとらないですむからいいや」という、心理的な〝つじつまあわせ〟を行なってしまう。

この一時的な〝つじつまあわせ〟に成功しても、ほんとうの自信を発揮することはできない。人の期待や思惑に応えようとすればするほど、「失敗しないだろうか」「期待を裏切りはしないか」と不安がつのり、萎縮してしまうばかりだからだ。

もちろん、周囲の期待や思惑を気にするということは、けっして悪いことではない。自分の価値観だけを行動のよりどころにする人は、〝自己中心的〟で〝独善的〟な行動に陥ってしまう。問題は、自信がないと思っている人の多くは、この〝他人の目〟を必要以上に意識しすぎているのではないか、ということだ。

べつに、〝いい子〟をやめて〝悪い子〟になるべきだとはいわないが、自分には自信が欠けていると思っている人は、もうちょっと〝わがまま〟にふるまって、ときには〝悪い子〟になってみてはどうだろう。

すこし〝わがまま〟になるということは、その分だけ〝他人の目〟を気にしないということと同じだ。そうなったときは、なにか行動や決断をするときに、たぶんまえよりもハラハラ・ドキドキするだろう。ハラハラ・ドキドキするということは、自分の価値観と〝他人の目〟が、正面から〝対決〟しているということだ。自信は、こうした〝対決〟を何度もくり返しながら、ついていくものなのである。

●上司に使われにくい部下であることを恐れるな

最近、大学の同僚の教授たちが口をそろえて言うのが、いまの学生は、昔とちがって手ごたえのあるやつが少なくなったということだ。たしかに私の講義でも、講義内容に異論、質問をぶつけてくる学生はほとんどいない。ただ黙々と講義内容をノートにとるだけだし、レポートを提出させてもそのほとんどが講義の要約で、こちら側の意表をついてくるようなものを見ることはないに等しい。

この傾向は企業においても同じようで、目立った欠点はなく、いわれたとおりに仕事もソツなくこなすのだが、自分の犠牲をむき出して上司にぶつかってくるような人はあまりいなくなったと聞く。組織や上司に合わせることばかりを考えて、自分の個性をおさえているのだ。

心理学では、人の他人にたいする態度決定について、つぎのような事柄が確認されている。

①自分に似た態度を持っている人に援助の手をさしのべやすい。
②自分に似ている人は、知的で適応性があり、道義心が強いと見なしやすい。
③自分と似た態度の持ち主とは協力しやすい。
④自分と似ている人の仕事をすると、時間が短く感じられ、やりとりが楽しく感じられる。
⑤自分に似ている人の業績を高く評価する。
⑥自分と態度の似ている人に好意を持ちやすい。
⑦自分と似た信念を持っている人を採用する傾向がある。

⑧自分と似た態度を持つ人に高給を支払う傾向がある。
⑨自分と似た態度を持っている犯罪者にたいしては刑を軽くするように要求する。

これはどういうことかというと、人は自分とは違うタイプの人間に接すると、心理的な脅威を感じるため、それを打ち消すために、できるだけ自分と似た人を求めようとするのである。学校にせよ、会社にせよ、目下の者に大きな影響を与える権力を持つ立場の人間は、ついつい自分と同じタイプの人間を高く評価し、そうでないタイプの人間を遠ざけてしまう。そこで、下位の側の人間は極力、目上の立場の人間に好かれようと、上司の考え方、発想に近づこうとする。その結果、学校も会社も上司、教授のミニチュア的な部下や学生が〝生産〟されてしまうのだ。

ある経営者は、おそらくその辺をふまえてのことだろうが、毎年入社式のときは、かならず「使われにくい部下になることを恐れるな」とスピーチしているという。

いまの中間管理職は、部下の欠点を矯正することばかり考えて、使いやすい部下ばかり重宝がって使いたがる。そのため、部下のほうも中間管理職のワクに合わせて自分を形づくってしまい、最後にはこぢんまりとした〝イエスマン〟になってしまう。

それではダメで、上司が使いづらい、ワクをはみ出した部下であってこそ、大きな仕事もできるものなのだというのである。

かくいう経営者自身も、新人時代は上司から見てじつに使いにくい部下で、やりたくないことはやらない、やりたいことはしほうだいという社員だったそうだ。

上司に合わせることばかり考えていると、結局、最終的には自分の考えでは何もしなくていい、イエスマンとなってしまう。イエスマンになっていればたしかに楽で、言われたとおりに動けばいいだけだ。しかし、イエスマンになることで、自分の度胸を試す場を自分でつぶしていることになる。


まず、この度胸を試す場を自分で求めるようにしていくことが必要になるが、それにはここでもやはり、ちょっと〝わがまま〟になってみることだ。たとえば上司との関係でいえば「自分の考えと上司の考えが違うのは当たり前だ」と考えることから始めてみるといい。

上司の言うことに真っ向から否定して噛みつく必要はないが、そこにちょっとした疑問を持ち、口には出さなくても、いつも自分の意見と戦わせてみる習慣を身につけるといい。そうするだけでも、いままで押し殺していた自分の価値観がすこしずつ行動や判断に反映され、自信をもてる〝体質〟ができあがってくるはずだ。

●面接など、〝試される場〟では、こちらが相手を〝試す場〟と考えてみろ

大学の入学試験で面接官をつとめることがあるが、何をきいてもトンチンカンな答えしか返ってこない受験生にぶつかることがしばしばある。こうした受験生の失敗は、たいてい限られた時間内に自分のいいところすべてを相手に見せて、できるかぎり好印象を与えようと、緊張し、あがってしまうことから起きる。

これもまた、〝いい子〟になろうとするあまりの結果と考えていい。相手が何を期待しているかをあらかじめ予想して、そのワク内に自分をあてはめようと努力する、セルフ・モニタリング傾向が強すぎるため、相手に「気に入られよう」「好印象を与えよう」と必要以上に意識し、度胸をすえてどっしりとかまえることができなくなってしまうのである。

ところが面接官のほうでは、期待をしていないといっては語弊があるが、それほど大きな期待をしているわけではない。むしろ、「どんな個性をもった人間なのかをひとつだけでも知ることができれば」と思っていることが多いものだ。受験生の、ちょっと〝わがまま〟な一面を見せてもらいたがっているといってもいいかもしれない。

だから、たとえば面接のときなら、面接というものを〝相手に気に入ってもらえるかどうか試される場〟と考えず、〝こちらが相手を気に入るかどうか試す場〟と考えるといい。選んでいるのは相手ではなく、こちら側だと開き直るのである。こうすれば、試される者という心理的な劣勢がはねかえされ、相手側をしっかりと見すえる度胸と余裕が生まれてくる。

このように、ちょっと〝わがまま〟になってみれば、いままで必要以上に〝他人の目〟にビクビクして、あがっていた自分が見えてくる。そうなればしめたもので、どうして度胸が出せないのか、その原因がはっきりわかるだろう。その時点で、すでに度胸はひとまわり大きくなっているのだ。

●自分が「おもしろい」と感じたら、その判断こそが正しいと思え

たまたまあなたが何の気なしに見た映画が、とても素晴らしい作品で、もう一度見たいと思うぐらいに感動したとする。ところが、あなたの友人たちは「あんな映画、駄作だよ」と口をそろえて言う。また、権威ある映画評論家の批評を読むと、これまた「つまらない映画だ」と否定的な感想ばかり述べている。こうなると堂々と「いや、おもしろい映画だと思ったよ」とは、なかなか言いにくくなってしまう。こんな経験の一度や二度、だれでもあるだろう。

自分の素直な気持ちからいえば、とても好きな映画なのだが、世間一般の批評が低いことを知ると、自分の感想を言いだす度胸がなくなり、大多数の意見がなんとなく正しく思えてきてしまうのだ。

こうした心理現象を、心理学では〝同調〟と呼ぶ。一般に人は、仲間の考え方や行動の仕方から、自分が大きく逸脱してしまわないように意識的、無意識的に努力する。この心

理的な規制の力はとても強く、ときに自分自身を無理におさえつけてでも、集団の価値観に同調しようとする。

同調心理を検証したものに、アッシュの実験がある。七人の被験者にわずかに長さの異なる三本の線を見せて、どれがもっとも長いかをたずねる。わずかに長さが違うといっても、一人だけで判断した場合は、九九パーセント以上の正解率が出るはっきりしたものだ。

この実験では、七人の被験者のうち六人は、最初からしめしあわせておいた〝サクラ〟で、実際の被験者は一人である。六人のサクラは二番めに長い線を「これが一番長い」とつぎつぎに答えるように命じられている。すると、最後に答えを求められた本物の被験者は、〝多数派〟であるサクラの声にひきずられて、二番めに長い線を「もっとも長い線」だと言わざるを得なくなってしまう。

アッシュの実験で、自分の正しい判断を最後まで守りとおせた人は、全体の二四パーセントであった。じつに七六パーセントもの人が、自分の正しい判断を押し殺して、多数派の意見に同調しようとしたというわけである。

おもしろいことに、自分の判断を最後まで守り通した人の性格分析をしてみると、ふつうの人より自尊心が高く、自分の能力を肯定的に評価しているタイプの人が多かった。それにたいして多数派の意見に同調した人は、自分の言動がその場にふさわしいかどうかに強い関心を持っている〝セルフ・モニタリング〟傾向の強い人であった。

自尊心の高い人は、自分自身の言動が、他人から高い評価を受けるはずだとの信念を持っており、また、それを実行する自分に能力があると確信しているので、多数派の意見に与せず、自信をもった行動がとれるのである。逆にいえば、少数派になることを恐れていては、出せる力も出しきれなくなってしまうということだ。

〝少数派〟に与することは、勇気のいることのように思えるかもしれないが、それでこうむる不利益はたいしたものではない。むしろ、〝少数派〟の〝メリット〟にもっと目を向けてもいいのではないだろうか。

実際に少数派の頑固一徹な意見が、多数派の意見に大きな影響を及ぼすことも多々ある。たとえば地動説を唱えたガリレオや、資本主義の分析を行なったマルクスなどは、いずれもきわめて少数派の頑固者だったが、彼らの唱えた理論が、世界に大きな影響を及ぼしたことは、今さら説明するまでもないだろう。

こうした現象を「マイノリティ・インフルエンス」と呼ぶ。マイノリティ・インフルエンスには、「上からの革新」と「下からの革新」の二つの影響過程がある。

上からの革新の場合では、かつて集団にたいして大きな貢献をした背景を持つ人は、集団の意向、規範を無視して、独自の行動、意見を持つことが許される。たとえば傾いた会社の立て直しに成功した経営者は、たとえその意見が独断であり、多数の賛成を得られなくとも、組織から承認される可能性が高い。

下からの革新とは、少数者が一貫して同じ意見を主張しつづけると、最後には多数派の自信が揺らぎ、多数派の意見を再検討させることができるような場合である。

当初、狂信的な国粋主義の集団としてしか認められていなかったナチス運動も、頑固に彼らの主張を続けていった結果、最後にはドイツ全体を支配するにいたったことはその好例といえよう。

ヒトラーに学べというわけではないが、自分がいいと思ったことは、貫き通してみることだ。身近なところでは、仲間と食事に行くとき、みんなが「カレーが食べたい」と言っても、自分が「そばを食べたい」と思うのなら、あえて主張するようにする。はじめから〝多数派〟の動向をチラチラ気にしてしまっては、自由に行動することもできなくなってしまうだろう。

●「正しい」と思ったことは主張して、確信を手に入れろ

多数派の意見に背を向け、あえて〝自分〟を主張するといっても、それにはまず自分なりの価値観、確信が必要になってくる。この自分なりの考えや価値観に自信がもてないために、〝多数派〟に与してしまうという人も少なくないだろう。

しかし、自分に対する確信は、ひとりでじっと考えているだけではけっして生まれてこない。いろいろな人と意見を戦わせ、とにかく行動してみて手ごたえを確かめながらできあがっていくものなのだ。こうやって、試される場をくぐり抜けながらつくりあげた価値観ほど、揺らぎにくいものなのである。

はじめのうちは、はっきりとした確信がなくて当たり前だ。「なんとなく正しい」という直観さえあれば、堂々とそれを主張してもかまわない。主張することで、試される場に自分をひっぱりあげ、そこで自分の〝核〟をつくりあげていけばいい。

会議での発言にしてもそうだが、説得力のある意見というのは、例外なくこうやってつくりあげた確信が軸になっている〝自分なりの意見〟である。人から聞いた〝借りものの意見〟をくり返していたのでは、それがいかに理屈のうえで正しそうに見えても、自分自身の頭で考えている人にはかなわない。

ＭＳシュレッダーで業界トップの明光商会の創業者、高木禮二氏は、明光商会の草創期、コピー機のセールスで、断わられても断わられても、けっしてあきらめることなく、何度も訪問をつづけ、徐々に販路を広げていったという。これは、べつだん高木氏が人並みはずれた〝クソ度胸〟の持ち主であったからというわけではない。高木氏は、自分の売るコピー機に心底惚れこんでいた。自分のコピー機なら、どこのメーカーのものにも負けない素晴らしいものだと、信じていたからである。

この確信にしても、おそらく、客とやりとりをしながらつくられていったはずで、はじめにあるものは、「これはいいものだ」という自分なりの直観だったろう。この直観をたいせつにして、行動なり発言なりをしていけば、高木氏がコピー機の販路を広げていったように、知らず知らずのうちに自信がついてくるはずだ。

自分には自信がないと思っている人というのは、絶対的な確信がないと、発言しなかったり行動できなかったりする人たちなのではないだろうか。その結果、判断のよりどころを、つい〝多数派〟に求めてしまいがちになるのだ。

しかし、はじめは誰でも強固な確信がないのが当たり前で、それができるまで待っていては、自信などいつまでたってもついてこない。「なんとなく正しい」という直観があるのなら、まわりの意見がどうであれ、自分の直観を大切に行動してみるべきである。それが、度胸を鍛えると同時に、原動力となる〝自分に対する確信〟を育てていくことにもなるのである。

●百人中百人を説得できる〝理屈〟を手に入れようと思うな

日本航空の経営を立て直した稲盛和夫氏は二七歳で京セラを創業し、その後、第二電電（現KDDI）を設立した日本を代表する名経営者である。その稲盛氏は、会社の命運をかけた重大な選択を行なう際は、いつもまず決断してから、その理由づけを考えることにしているという。理屈がまずはじめにあり、その結果決断にいたるのではなく、まず「こうしよう」と決断し、そう決断するにいたった理由は、あとから考えるというのである。

これこそ名経営者ならではの直感というものかもしれないが、その決断の背景にあるのは「原理原則に基づいたものか」、つまり「人間として正しいことなのか、悪しきことなのか」ということだそうだ。これに則っていれば、経験や知識がなくても、大きく間違った判断にはならないという。

つねに時間はない、だから理屈を言う前に行動を起こすことが大事だ。考えるのは、行動を起こしてからでよい。このフィロソフィーで、稲盛氏は次々と難題を解決してきたわけである。

読売グループのドンと呼ばれた、故・正力松太郎氏も似たようなところがあった。国民を楽しませる娯楽は何がいちばんいいかと考えたすえに、それはテレビだと思い、『日本テレビ』をつくったという。だがテレビばかり見ていては、体がなまってしまう、そこで今度は体力を鍛えるために『読売カントリークラブ』の経営を始める。さらにゴルフ場だけでなく、女性や子どもも楽しめる施設が必要だ、それには遊園地がいいと、ゴルフ場の隣に『読売ランド』をつくる……といった調子で、つぎつぎと新しい事業を手がけた。

どちらかというとこれらの事業は、ことごとく正力氏の勝手な思いこみだけで始められたものだ。率直にいって、新しい事業を始めるについての経営上の説得力はあまりない。しかし、もし正力氏が経営学上の分析や、正確な市場調査を待ち、きっちりと理論づけたうえで判断しようとしていたら、決断する度胸が生まれていたかどうかはわからない。

どんなことも、それがうまくいくかいかないかは、理屈が通っているかいないかで決まるわけではないし、他人の賛成を得られたから決まるというわけでもない。とにかく〝やってみなければわからない〟ことが多いのである。

ところが、まえにもお話したように、自分に自信がないと思っている人は、その判断なり行動なりの確固たるよりどころを、なんとしてでも求めようとするのだ。そのため、まわりの人間すべてを説得できる〝理屈〟を用意できなければ、行動に移そうとしない傾向が強い。これは結局理屈や理論が足かせとなって、度胸を出すことにストップをかけている状態といってもいい。

もちろん、なにかをやろうとするときに、その根拠となる理屈を求めること自体は悪くないが、そればかりに執着していると、度胸を試す機会をどんどん失っていくことにもつながる。理屈にこだわるのは、結局のところ、まわりの人たちみんなに認めてもらいたいという意識が強すぎるからだ。百人中百人を説得できる理屈などないと考え、思いきって〝見切り発車〟することも、自信をつけていくためには必要なことである。

たとえば会議でも、言いたいことがあったら、裏付けのデータを用意していなくてもとにかく話してしまうべきだ。もともとすべての人を説得しようと思わなければ、意外と度胸もすわってくる。それで、たとえほかの人から「根拠も明確に示せないバカなやつ」と思われたとしても、そんな〝小利口〟ぶった人間よりも、はるかに得るものは大きい。

理屈ばかりに頼っている〝小利口者〟には、自信のほうもなかなかついてこない。まずは、自分がこれまであまりにも理屈にこだわりすぎていなかったか、一度振り返ってみるといいだろう。

●失敗は、新しいことにチャレンジするための〝刺激〟と考えろ

ある経営者は、「健全な赤字部門を持っていない企業は、衰退に向かっている」というのが長年の持論で、企業が成長、発展しようと思ったら、かならずなんらかの形で赤字部

門を抱えているべきだと主張し、それを実践しているそうだ。

元サントリー会長の故・佐治敬三氏も、同じく赤字有益説を唱えた。かつて氏は、キリンがシェアの六〇パーセントを占めるというビール市場に、赤字覚悟であえて挑戦し、予測された赤字を出しながらも、老舗の安定のうえにあぐらをかいてきた組織の活性化に成功している。

組織というものは安定が長く続くと、どうしても保守化し、新しいことに挑戦する意欲、勇気を失ってしまい、いつものルーティン・ワークでお茶を濁しがちとなる。そこで、あえて赤字部門をつくり出すことによって、組織の新陳代謝をはかり、活性化を目指しているわけだ。

安定した状態の継続が組織の不活性を生み出すという〝法則〟は、人の心理にも通じるものがある。どんな人でもある程度安定した状態が長い期間つづくと、知らず知らずのうちに、精神の活力や抵抗力が失われていく。力がなかなか出せないと感じている人も、じつは、力を出さないですむ状況に長くとどまりすぎているからと考えてもいいだろう。

その状態を打ち破っていくには、とにかく頭で考えているだけでなく、実際に行動に移してみることがたいせつだ。もちろんそのときには、理屈はさほど必要ない。赤字覚悟、つまり失敗することを覚悟でやってみるのである。

理屈で考えれば、赤字は「出してはならないもの」以外の何ものでもない。しかし、結果として、赤字が企業全体を活性化させたように、たとえ失敗したとしても、その失敗がきっかけとなって、力を出せなかった自分に〝カツ〟を入れられるはずだ。

いま自分を囲んでいる安定した環境を、失敗することによって意識的に打ちこわす。精神をあえて不安定な状態に投げ込むことによって、精神の活力を回復させるのだ。ちょっと乱暴にいえば、もっとバカになってしまえということだ。

もともと自分に自信がないと思っている人は、セルフ・モニタリング傾向が高く、周囲の状況に敏感で、思慮深いタイプの人がほとんどだ。こういう人はバカになるといっても、ほんとうのバカになってしまうことはなく、ちょうどよいバランスを保つはずだ。だから、たとえ成功する確信がなくても、あえてその課題に挑戦してみるといい。

それで失敗したとしても、つぎの新しいことに目を向けて、積極的に挑戦する度胸と勇気がわいてくるはずだ。

●〝ダメでもともと〟と開き直るぐらいの〝いいかげんさ〟でいけ

囲碁の世界で言われていることだが、プロ棋士が上達する意欲を失い、ダメになってしまう大きな原因は、会社のクラブや個人指導などで小銭を稼ぎ始め、その収入だけでも食っていけるようになってしまうことにあるという。

食えなければ死にものぐるいで碁の勉強をするしかない。しかし、ぜいたくさえしなければ、なんとか食っていける程度の稽古代がはいってくるようになると、自然と勉強に熱がはいらなくなり、「しょせん、自分はこれ以上強くなれないのだ」と、現在の生活に安住していくのだという。自分の力を適当なところで評価してしまい、あえてそれ以上を望まなくなるのである。

豪快な生き方で知られた、囲碁の故・藤沢秀行さんは、こうした小粒な〝サラリーマン棋士〟が増えつつあると嘆いていた。かくいう藤沢さんは〝サラリーマン棋士〟とはまるっきり正反対、安定の「あ」の字もない、すさまじい生活を送られてきたと聞く。かつて藤沢さんは競輪が死ぬほど好きで、一回のレースに百万、二百万とぶちこむのはザラで、あっというまに巨額の借金をこしらえてしまい、その借金の返済のためにえらく苦労されたそうだ。

藤沢さんは対局料の大半をこの借金返済にそそぎ込み、博打の借金を支払うために、碁の腕を磨き、金が入るとそれをまた博打につぎ込むという生活のくりかえしであったという。しかし、このメチャクチャともいうべき危機の連続の生活が、藤沢さんの棋士としての腕を鍛え、勝負度胸をつけていったのだからおもしろい。

自信をつけるには、藤沢さんのような、奔放さ、悪くいえば〝いいかげんさ〟も必要だ。よく〝居直り〟の精神は、大きなパワーを発揮するというが、〝小利口〟になってまわりのことばかり考えるようになると、こうしたパワーはわいてこない。

藤沢さんは、博打で巨額の借金をかかえたことをバカ正直に悩んだりはしなかった。それどころか、大胆に開き直ることで活路を見出したのである。真面目な人から見れば、博打の借金を対局料で返すとは、なんといいかげんでバカげた行為と思えるかもしれない。しかし、ときにこうした〝いいかげんさ〟、〝バカさかげん〟が、思いもつかないほどの、精神的なエネルギーを与えてくれるのもまた事実だ。

この藤沢さんのような破天荒な生き方は、とうてい常人にまねできるものではないし、まねしてみろなどと、すすめられるものでもない。しかし、ここからひとつ学べるとしたら、少し〝いいかげん〟になってみるのもいいのではないかということだ。

仕事でなにかミスや失敗をしたときでも、すべて自分の責任だと受けとめて、深刻になるのではなく、「すんだことはしかたがない」と、ちょっとした〝いいかげん〟さをもって開き直ってみれば、意外に自分を縛っていた〝他人の目〟からも解放され、思わぬ自信がついてくるものだ。

●匿名の〝サングラス〟をはずして、自分の顔をさらけだせ

人間の心理を探るうえで、極端にいえば、現代社会で起こるすべての現象が私の研究対象になるが、インターネットのチャットや掲示板もそのひとつである。チャットとはインターネット上で、リアルタイムで文字の会話ができるシステムだ。

出会い系と呼ばれる恋人募集のページやアダルト向けのページのチャットでは、相当きわどい会話がかわされることもある。といっても、女性はいわゆるプロではなく、ごくふつうのOLや主婦であり、男性のほうもふだんは真面目な人が多いらしい。そういう〝ふつう〟の人たちが、日常生活ではとても口にする勇気が出ないセリフでも、インターネット上では平気で言ってのけるようになるのである。

なぜ、チャットだと人は大胆になれるかといえば、やはり〝匿名〟という〝隠れミノ〟をまとっていられるからだろう。つまり、お互いに顔もわからず、自分がどこのだれかということを知られずにすむという安心感があるからこそ、どんなことでも言えるのである。

しかし、いくらチャットで大胆な会話ができるからといって、これを〝度胸がある〟とは、とうてい言えまい。たとえば、自分がだれかを名のらない匿名の苦情電話や手紙は、相手に正面切って苦言を言う自信のない人がすることである。

匿名がもたらす心理的効果については、アメリカの心理学者、ジンバルドーの有名な実験がある。これは四人一組の女子大生に、若い女性に電気ショックを与える実験に参加してもらい、それぞれ別のボックスに入って、合図とともにショックを与えるボタンを押し、止める合図があるまで押し続けることを頼む。

ボタンを押すと、隣室にいる女性の苦しむ表情が見え、被験者の女子大生たちは、彼女が気の毒だと思えば、ボタンを押すのをやめることができるのだが、ボタンを押し続けた時間を測ったところ、興味深い結果が出た。

この四人一組の中には、あらかじめ全員が全身をすっぽりおおう覆面をかぶって、お互いにだれだかわからないようにしたグループがあったのだが、こうした覆面グループほど、長くボタンを押し続けたのである。

人間は、自分がだれであるか周囲にわからない状態では、かなり冷酷になれること、言いかえれば、匿名の状態だと、責任を回避できるので、ふだんはできないことでも平気でできるようになることが、この実験からもわかる。

このように、匿名の心理効果に私がこだわるのも、まえにふれたように、匿名の〝隠れミノ〟をまとっているかぎり、度胸は生まれてこないということと、インターネットのブームに見るように、とかく匿名の中に安住しようという傾向が、最近目につくからである。

たとえば、若い人が雑誌や新聞に投書するとき、あたりさわりのない内容でも、「匿名希望」や〝ペンネーム〟を使うことが多い。あるいは、フリーターの増加も〝匿名現象〟のひとつといえよう。社員になるより、〝バイトの一人〟でいたほうが、責任も厳しく問われることがなく、何かとラクなことはたしかだろう。最近の若い人は、言いたいことを言う度胸もない、とよく言われるのも、こうした〝匿名志向〟とはけっして無関係ではないはずだ。

言いかえれば、度胸をつけたかったら、こうした匿名の〝隠れミノ〟を脱ぐことが必要になってくる。たとえば、気が弱くて、人と目を合わせるのが恐ろしいという人が、サングラスをかけることがあるが、このサングラスをとらない限り、いつまでたっても、相手とほんとうに対等に話せるようにはならないだろう。

サングラスが、身を隠す道具のひとつであるように、「みんながそうしている」「みんながこう思っている」など、「みんなが〜」式の言い方も、匿名の中に逃げ込みたいという心理がなせるものだろう。この言い方を「私はこう考える」「自分ならこうする」式に変えてみるだけでも、その心理的効果は大きいはずだ。

亀が首を引っ込めるように、自分を隠していては、自信は生まれない。あなたも、ふだんの生活の中で、もっと「自分」を前面に出してみてはどうだろう。

●セルフ・モニタリング傾向を抑えたいなら、ひとり旅で自信をつけろ

外国に行くと、日本人はつねに集団でしか動かないとよくいわれるが、日本国内でも、日本人の〝群れる〟傾向は変わらない。学生を見ていても、グループでいることが多い。最近は、就職試験を受けにいくのにもグループで、というケースがめずらしくないそうだ。

じつは、このグループ単位で行動するというのも、〝群れ〟という〝隠れミノ〟をまとっているにすぎないことが多い。一昔前にはやった言葉の「赤信号、みんなで渡ればこわくない」ではないが、集団になると、ふだんおとなしい人でもバカ騒ぎをして、周囲のひんしゅくを買ったりするものなのだ。暴走族にしても同様で、一人ひとりになると気が弱くて、ひとりでは人騒がせなことなどとてもできそうにない、という青年がほとんどなのではないだろうか。

こう書いてくればもうおわかりだろうが、いざというとき、ビクビク、オドオドしてばかりいる自分をもうすこし強くしたいと考えるなら、いつも集団の一員でいることをやめ、

ときには自分ひとりだけで行動してみることがだいじなのだ。たとえば、いつも同僚や仲間と昼食を食べに行くところをひとりで出かけてみる、会議室や教室に行くときもひとりで行き、仲間たちとは離れた席に座り、終了後もひとりで帰るなど、その気になれば、いくらでもひとりで行動してみるチャンスがあるはずだ。

その点、もっとも効果的なのはひとり旅をしてみることだろう。作家の伊集院静氏も著書『大人の流儀』の中で、今いる環境から離れたところへ旅をすると、ものの見え方や価値観が変わってくる、だから、大人はひとり旅をしてみるといいのではないかとすすめている。

仕事の面での即効性はさておき、ひとりの人間としての自分を鍛えるには効果があるのではないだろうか。

もちろん、群れを離れれば、仕事をするにせよ遊ぶにせよ、めんどうだったり、つらいことも出てくる。どこへ行くのか、何を食べるのかを自分一人で決めなくてはいけないし、切符を買うのも宿泊地を決めるのも、手配も、すべて自分でやらなければいけない。そしてトラブルやアクシデントが発生しても、自分で責任を負い、解決しなくてはならない。

このように自分で考え、自分で決め、自分で行動するしかない状況に自分を追いこむのが、群れから離れてひとりで行動する目的ともいえる。

成功体験を積み重ねることによって自信がつくということは、心理学でも明らかなことだが、一度でもひとり旅を体験してみると、思っていた以上に自分に度胸があったことに気づくこともあるだろう。仲間と旅しているときは話すのに夢中で見えなかった風景の美しさにうたれることもあろう。こうした体験を積んで、ひとりで行動するおもしろさを味わえるようになったら、自分に自信がついてきた、と思って間違いない。

●会議では、わざとライバルや地位の高い人の隣に座れ

だれでも、自分に好意を持っている人や、自分の味方になってくれる人と親交を結びたいという欲求を持っている。この「親和欲求」が強い人は、他人と一緒にいることを強く望むので、必然的に他人に接近することも多くなる。上昇志向の強い人、あるいは、積極的に行動する人は、概して「親和欲求」の強い人に多い。

これに対して、不安感が強い人、何事にも消極的な人は、できるだけ他人に接近しないようにする傾向がある。このタイプは、「親和欲求」も弱い。他人に接近したがらないのは、自分のテリトリーを維持したい欲求が強いからと解釈していいだろう。

人それぞれ生き方があるのは当然で、いちがいに、どちらがいいと断定はできない。が、積極的に行動する自信や度胸を得たいと思っている人は、意識的に他人に接近し、関わりあいを持つようにしてみてはどうだろうか。

他人と距離を保とうとするのは、距離を〝隠れミノ〟にして、自分をさらけ出すのを避けているといえないこともない。他人との距離をちぢめて、交流を深めていけば、必然的に自分をさらけ出さざるをえなくなる。この自分をさらけ出す勇気があるかないかが、じつは、度胸をなかなか出せない人と出せる人の境目なのだ。

たとえば、会議では、実力者やライバルの隣に座ってみる。周囲の目も集まるから、いきおい、何か発言をしないと格好がつかなくなる。そうやって自分を追いこめば、「自分には自信がなくて」などといいわけも言っていられなくなるはずだ。だいたい、他人と距離を保とうとする人は、なるべく目立たない席に逃げこもうとする傾向が強いので、席を変えることが「自信のある自分」への自己変革の第一歩にもなる。

実力者や苦手な人の隣に座るのは、相手との精神的な近接度を高め、相手と堂々と話す度胸もつきやすくなるという効果もある。


かつて、あるテレビ番組で、私も実験をしたことがあるが、人を説得したり好意を持ってもらうには、お互いの間の距離が短いほど効果が高まることがわかっている。結論だけをいえば、相手を説得するのにもっと効果が高いのは、約五〇センチ離れて意見を述べる場合である。五〇センチというのは、手を伸ばせば、相手のからだに触れられるほど近い距離だ。

〝距離の遠さ〟という、〝隠れミノ〟を脱いで相手に接するだけでも、「なんとかしなければならない」という気持ちで、相手を説得する度胸を引き出してくれるだろう。

●〝タイム〟をとって自分のペースをとりもどせ

バレーボールの試合をテレビで見ていると、感心させられることがある。それは、両チームの監督とも、コートにいる選手の心理状態やゲームの流れをつかんで、一セットにそれぞれ二回ずつとれる〝タイム〟をじつにうまく使っているということだ。選手たちの動きが悪くなり、つまらないミスが目立ち、たてつづけに点をとられると、監督はすかさずタイムをとって、選手たちをベンチに呼ぶ。

このタイムを境に、コートに戻っていった選手たちの動きが、見違えるほどによくなって、それまでがうそのように流れが変わったりする。最近はマイクでタイム中の声を拾うようになったので、監督と選手のやりとりが聞こえることもあるが、特別たいした指示を与えているわけではないことが多い。

野球でもピンチになると、キャッチャーがピッチャーのところへ行ったりするが、そのときに話しているのは、「今晩飲みにいこう」とか、「あそこに美人の観客がいるぞ」というようなたわいもないことだという話もきいたことがある。バレーの場合も野球の場合も、タイムをとるのは、アドバイスを与えるためというよりも、悪いほうに向かいつつある空気をいいほうに向けさせようという〝ゲン直し〟の効果がほんとうの目的なのだ。

集中力の出し方がうまい人は、この間のとり方が上手だ。間をとるということは流れを一時中断して、気持ちを切りかえるためのスイッチを入れる時間を与えるということだ。

取引きで分が悪くなってきたときや、仕事がうまく進まなくて頭が混乱しそうなとき、会議の流れが思うように進んでいないときなど、ちょっと〝トイレタイム〟でもとってみるといい。わずかのあいだでも、流れが途切れるだけで、再開したときには自分の気分はすっきりしているし、流れが有利な方向に逆流することも少なくない。

間のとり方、つまりタイムには、トイレに立つだけでなく、いろいろな方法がある。タバコに火をつけて、ゆっくりと煙をくゆらせその流れを見つめるとか、話題を離れてすこしのあいだ雑談してみるといったことも十分にその役目を果たす。

不利なムードになっているのを感じても、ちょっとした〝ブレイク〟で落ち着けば、ふたたび自信を奮い立たせることができるのだ。

●あがっている自分を、「あがっていやがる」と笑ってみろ

精神病の治療方法のひとつに〝認知療法〟というのがある。これは医師が患者とじっくりと対話をしていくなかで、患者に自分の病気とその原因をわからせ、それを治療の力に

しようというものだ。

この方法は、病気の人ばかりでなく、健康な人にとっても役に立つ。何か不安にとらわれているときに、たとえ解消法がわからなくても、その不安がどこから来ているのかを知るだけで、ずいぶんと安心できる。

たとえば、朝からイライラしどおしで気分がすぐれないようなとき、「そういえば、きのうの夜女房と口喧嘩して、それがどこかにひっかかっていたんだ」と思いあたれば、それだけですっきりとして、気分がよくなる。このように、ちょっと冷静になって自分を見つめてみればいい。一歩しりぞいて、自分を客観的に見ることで、不安を感じていた気持ちのスイッチは切り替わるのだ。

ある演歌歌手が、はじめてのリサイタルの当日、朝からお茶はこぼすし、衣装は忘れるしと失敗ばかりして、自分でも何をやっているのかさっぱりわからなくなってしまったそうだ。ステージが始まっても調子が出ず、一曲目はどう歌ったか覚えていないほどだったのが、あいさつのときに、客席に向かって「あがってしまっていて、どうしようもないんですよ」とつい、苦笑いした。すると、やっと落ち着いて観客の顔も見分けられるようになったという。

あがっている自分を認めて笑ってしまうことで、それまでの流れを切り替え、いつもの自分自身をとり戻して自信を奮い立たせるきっかけとなったのだろう。

あがっているときは、あがっているということをまず自分で認めて、「なにをあがってるんだ。そんなことでビクビクするんじゃない」と自分自身を笑ってやるといい。あがっていることを自覚するだけでも気持ちは落ち着き、自然に度胸も出始めるものだ。

●セルフ・モニタリング傾向でガチガチになった自分を笑いとばせ

テレビのショーやバラエティ番組などの本番まえには、かならず「前説」と呼ばれる人が出てきて、スタジオに集まった人におもしろい話をきかせて笑わせる。本番まえは出演者だけでなく、観客だって、独特の雰囲気に緊張しがちだ。そこに、いきなりコメディアンが出てきて何かギャグを言っても、なかなか反応してくれない。そこで、まえもって観客の緊張を解いて、リラックスさせることで、本番で笑いをとりやすくするのだ。

このことからもわかるように、緊張を解くためには、笑うことがいちばん効果的だ。笑いによって〝緊張〟というそれまでの流れを切り替え、本来の自分を取り戻すきっかけができる。「リラックスしよう」と人から言われたり、自分自身に言いきかせたりしても、かえって緊張感が増してしまうことも少なくない。しかし、笑えば気分的にも明るくなって、緊張の原因でもある不安感を解消することにもつながるのだ。

そこでガチガチに緊張してしまったときには、あえて笑ってみたらいいだろう。大手商社のある人事課長は、面接試験をしていて、学生が緊張しているなとわかったときは、冗談を言ってみるそうだ。その冗談におもわず笑ってしまって、そのあとはリラックスして、質問に受け答えできるようになるケースがけっこうあるという。

緊張したときは、自分でダジャレやナゾナゾをつくってみるのもいい。ダジャレをつくったりナゾナゾを解くときの思考方法は、ものを考えるときに、それについての情報や知識を引き出す思考法と通じるところがある。

アメリカの大統領選挙のときの演説会や討論会を見ていると、候補者は最初にかならずジョークを言って、出席者を笑わせる。笑いをとることで、自分に注意を引きつけたり、雰囲気をやわらげ、討論が盛り上がるようにするだけでなく、自分自身の頭と気持ちもリラックスさせているのだろう。

緊張したときに他人が笑わせてくれればいちばんだが、自分で笑いをつくってみることも必要だ。くだらないダジャレを考えて、「ほんとうにつまんないダジャレだな」と笑ってみるだけでも、緊張を解き、リラックスしていくきっかけになるだろう。

●いざというときに歌える〝持ち歌〟で度胸を発揮しろ

ゼミの学生たちとカラオケに行くことがあるが、積極的な学生は、どんなにへたでもマイクを離そうとしないのに、消極的な学生になると、すすめられてもなかなか歌おうとしない。ところが、それを無理矢理にでも歌わせてみるとけっこう味をしめて、翌日会うと昨日歌った歌を口ずさんでいたりする。もうその歌が持ち歌になりつつあるのだろうが、こういうときの学生は、いつもより心なしか陽気な人間にみえる。

音楽は、人間の精神にいろいろな影響を与える。陸上の三段跳びの選手が、助走まえにウォークマンで音楽を聞いて精神統一したり、テニスの選手が控え室でじっと音楽を聞いているという姿をよく見かけるが、これは音楽を聞くことで、そのときに必要な精神状態をつくりだして、実力を十二分に発揮できるようにしているのだ。

〝音楽療法〟も、音楽が精神におよぼす影響を利用して、精神状態をコントロールしようというものである。そのためのＣＤも発売されている。

この音楽の効果を利用するために、どんな状態でもすぐに頭に浮かんでくる持ち歌を用意しておくのも、ひとつの手だ。いざというときにそれを口ずさむことで、あがっている気持ちを落ち着けたり、分散した意識をひとつにまとめて、盛りあげたり、集中力を出すきっかけにできる。

重要な会議や、試験、面接の会場などで、空気がピンと張りつめて、もの音ひとつしない。そんなときに心の中で、いつも聞いている歌や好きな曲をハミングしてみると、フッと気持ちが落ち着いて、どこからともなく度胸が出てくるはずだ。こうして考えてみると、カラオケで歌うことも、考え方ひとつで自信をとり戻すための意外な効用があるといえそうだ。

3

逃げることなく心を開いて、ありのままの自分をみつめろ

③あなたのセルフ・コントロール度は？

一六ページの自信度テスト、質問3の合計点は何点でしたか？

この点数はあなたのセルフ・コントロール度を示しています。セルフ・コントロール度が高ければ、自分に関係した出来事の原因を、自分自身の性格や行動の結果であると判断することができるタイプだといえます。そのためこのタイプは、自分自身の力で事態を切り開く熱意と自信にあふれ、実力を発揮することができます。ところが、セルフ・コントロール度が低い人は、原因を自分以外の他のものや、運などに求める傾向があります。これを続けていては自信もつきません。

もしあなたのセルフ・コントロール度が50点以下なら、ありのままの自分から目をそむけず、自信をもつように努力してみる必要があります。

●自分の力で手の届かない〝目標〟を立てるな

セルフ・コントロールとは、一言で言えば、〝自己責任〟ということができるだろう。したがって、それは、自分の力で責任を取れる〝範囲〟のことを、実践する自信、情熱を指しているといってよい。その自らの力をはかる尺度の一つが、目標である。

目標をしっかり持つことの大切さは、いまさら言うまでもなく、〝人生の大先輩〟たちがさんざん説いてきたことである。ここで私が強調しておきたいのは、じつはこの〝目標〟が、へたをすると自分に〝逃げ道〟をつくるための手段になりかねないということだ。自分では意識しないうちに、目標がいつのまにか〝逃げ道〟となって、熱意とか情熱とかを発揮しなくてもすむような状況をつくり出してしまうのである。

人間にとって目標が大切だというのは、ひとつには、目標が、生きることへの執着、生きることの喜びを生み出してくれるからである。

ナチスの強制収容所における過酷な体験を描いたビクトル・フランクルの『夜と霧』の

一節に、発疹チフスで死んだある囚人について、「彼は病気で死んだのではない。生きる意欲を失ったために、彼の体は病気の犠牲になったのだ」と述べている言葉がある。これは極論かもしれないが、「生きていく目標の喪失」が、生きる事への執着を奪い、潜伏していた発疹チフスの菌に対する、肉体的な抵抗力を衰えさせてしまったと考えることもできなくはない。

言葉を変えれば、目標が〝生への執着〟をつくり出すのではなく、〝全力を出さずにすむ状況〟をつくり出してしまうということだ。

たとえば、「事業を起こして大金持ちになるんだ」「世間をアッといわせるような小説を書いてやる」などと、できそうにもない目標ばかり立て、そのくせ壁にぶち当たったらすぐあきらめてしまうタイプの人がよくいるが、これなどもその一例だろう。

高すぎる目標や計画を自らに課す傾向は、心理学でいう〝原因帰属〟というメカニズムに関係がある。失敗したときに、「原因は自分の能力のなさにあるのではなく、目標が高すぎたのだ」と〝言い訳〟がしやすくなる。自分の実力以上の目標を立てていれば、このように、失敗しても傷つかずにすむよう、自分を守ろうとする心理メカニズムが働くのである。いってみれば、できないときのことを想定して、さきに〝逃げ道〟をつくっておくのである。

誰が見ても、できそうもないことをやって失敗しても、まわりは「仕方ない」と思うだろう。これがすこし努力すれば達成できそうな目標だと、当然、他人の目は厳しくなる。そのため自信のない人は、「あの程度のこともできない人間なのか」と自分に評価がくだるのを恐れて、つい実現できそうもない高い目標を立ててしまうのである。

勉強を全然していないのに、「東大を受ける」という受験生、身近にいる女の子にはふられるのが恐くて声をかけられないのに、ふられてもともとのとびきり美人には平気で声をかけられる人などにも、同じ心理が働いているといっていい。

そこで、自信をつけたいと思うなら、まずは自分がこれまで高すぎる目標を掲げていなかったかどうか、ちょっと振り返ってみるといい。案外自分では気づかないうちに〝逃げ道〟をつくって、全力を出さなくてもすむような〝環境〟の中で、自分を飼いならしているケースが多い。ただし、いまの自分がそういう環境の中にいたとしても、それで「オレは逃げることばかり考えているひきょう者だ」などと思うことはない。そのことに気づいただけで、大きな〝収穫〟である。

自信をつけるというのは、けっして大変なことではない。自分のいる場所を、全力を出さなくてすむような場所から、新しい場所へ半歩踏み出してみるだけでも、十分に鍛えられるはずだ。〝安全な場所〟にとどまろうとしている自分、自分から目をそらそうとしている自分に気づくだけで、もうその場から半歩前進したことになる。

なぜふられるのが恐いのかがわかれば、もうそれほど恐れずに身近な女の子にも声をかけることができるはずだからである。

●目標は適度の高さに設定して、セルフ・コントロール度を高めよ

ある目標を立て、それを実現しようとする気持ちを、心理学では「達成動機」と呼んでいるが、人の積極性、やる気はこの達成動機いかんにかかっている。何ごとにもやる気満々で、度胸よく向かっていく人は、達成動機が強く、すべてに消極的で弱気になりがちの人は、達成動機が弱いというわけだ。

アメリカの心理学者アトキンソンらのグループは、この達成動機の内容を、「成功達成

動機」と、「失敗回避動機」の合成と考えた。人が何かに自分を賭ける場合、「これに勝ったら大きな成果を得ることができる。よし、がんばるぞ」と、積極的な気持ちになるいっぽうで、同時に、「でも、負けたらどうしよう。やっぱりやめようか」と、アンビバレンス（両面感情）な心理状態に落ち込む。これは、達成動機が、成功達成動機と失敗回避動機によって成り立っているからである。

アトキンソンらは、被験者に輪を投げる位置を任意に選べる、輪投げを行わせる実験を行なった。この実験の結果、達成動機の低い、〃やる気〃のない人ほど、目標にきわめて近いか、あるいはその反対に遠い距離から投げ、達成動機の高い、〃やる気〃のある人ほど遠からず、近からずの中間的距離から投げることがわかった。

この結果からも、失敗回避動機が強い人は、絶対に失敗しないか、あるいは失敗しても恥ずかしくない程度の距離を好むことがわかるだろう。

このことからも、目標は、その人の能力に応じてうまく設定しないと、セルフ・コントロール度を高めることができないことがわかる。逆に言えば、自分にとって高すぎず、低すぎずの目標を立てることができれば、それが大きな達成欲求を生んでくれるということだ。

四一歳にして、メジャー三球団目のマーリンズに移籍が決まったイチロー選手。その業績はいまさら言うまでもないが、二〇一三年に彼が日米通算四〇〇〇本安打を達成したとき「四〇〇〇本のヒットを打つためには、八〇〇〇回以上悔しい思いをしている。誇れることがあるとすれば、そこに自分なりに向き合ってきたことです」と語っている。

一流といわれる三割打者でも一〇打席中七打席は打てないのだ。「四〇〇〇」という数字だけを見れば気が遠くなるが、そこに至った一歩一歩の積み重ねは忘れられがちだ。

高すぎる目標とは何か。その時点までに道筋をつけてこなかった人には高すぎる目標でも、一つひとつ積み重ねてきた人にとっては、少々むずかしくても達成可能な目標である。だからこそ、その人にとっての適度な目標が大切なのだ。

適度な目標というのは、現時点でクリア可能な目標のことだ。それをクリアできれば、だれしも次はもっと高い目標をもてるものなのだ。

イチロー選手は「小さいことを重ねることが、とんでもないところに行くただひとつの道」と言っている。これは仕事も勉強も同じで、「適度な目標をたて、クリアしていく」

ことを繰り返していくなかで、自分なりの実力と自信と、そして度胸ができてくるのである。

人は簡単にイチロー選手のことを「天才」と言う。しかし、「天才とは九九％の努力と一パーセントのインスピレーションだ」の名言で有名な発明家エジソンも言っているではないか。「成功する人は『思いどおりにいかないことが起きるのは当たり前』だと思って挑戦している」「私が天才というなら、『あきらめないことの天才』だ」と。

●相手の強さを謙虚に認めよ

社長以下、会社の首脳陣が始業まえに出社して、ドアを開けはなっておく〝オープン・ドア・システム〟が、多くの日本の企業でも取り入れられていると聞く。始業時間までのあいだに、訪ねてくる社員の話を聞くというシステムで、話す内容は、仕事上の提案でも、職場における不平不満でもいい。ドアだけでなく、心もオープンにして、重役と社員とのあいだのコミュニケーションを図ろうというのが、このシステムの狙いである。

タテ社会の日本では、ヒラ社員が社長とフランクに話すことができる、このような制度をつくったとしても、オープンになんでも話せるかどうかは疑わしい。たとえば、上司について、「細かいことにクドクドとこだわる神経質な人間で、仕事の全体を見てくれない」と不満に思っていても、それを社長や上司に直接ぶつけることは、まずしないだろう。

もっとも、こういった上司への不満がいつも正当なものであるとはかぎらない。というのは、人間は〝投影〟と呼ばれる自分を守ろうとする心理メカニズムによって、相手の姿をゆがめた形で受け入れることがあるからだ。

〝投影〟というのは、わかりやすくいえば、ケチな人間が他人のことをケチだと決めつけ、非難することである。自分のよくない性質を相手に〝投影〟し、相手はもっと悪いのだと思いこんで、自分自身を防御するという心理的なメカニズムである。これによって、人からケチだと指弾される不安感を解消しようとするのである。

たとえば、上司のことを「神経質な人間」だと思うのは、この〝投影〟の心理が働いているのだと考えられなくもない。つまり、仕事に関して上司に細かく注意されたとき、自分自身の神経質な性質を認めまいとして、上司を自分より神経質な人間だと思いこもうとするわけである。上司に対して抱く不満がすべて〝投影〟によるものではないが、自分自身をタナに上げたうえで、上司へ責任転嫁してしまうケースは少なくない。

自信は、ありのままの自分をぶつけるところから生まれる。それには、ぶつかっていく〝敵〟の〝ありのままの姿〟をしっかり見すえることが、大切なことだ。相手を恐いと思ったら、その恐さを素直に認めることから自信はついてくる。

藤沢秀行さんは、つねづね「相手の強さを知ったからといって、べつに相手を恐れる必要はない。敵の強さを謙虚に受けとめることによって、自分の力も存分に発揮できるはずだ」と語っていた。藤沢さんは現役時代、棋聖位に挑戦してくる加藤正夫、林海峯、石田芳夫、大竹英雄、趙治勲といった当代きっての打ち手を、大方の予想を裏切ってつぎつぎと退けた。そして、「もし私に一日の長があったとすれば、それは、相手の強さをよく知っていたということかもしれない」と言っている。相手の強さを知ることと、相手を恐れることは別だ。

藤沢さんは、相手を恐れずに、相手を知ることで、ほんとうの自信が生まれてくるというのだが、いわんとするところは、要するに、心を〝オープン・ドア〟にしろということだろう。逃げることなく、心を開いて〝あるがまま〟の相手の姿と、そして自分の姿を見すえることから自信は育っていくのだ。

●自分より〝ワンランク上〟の人間とつき合え

巷間、「ブ男が絶世の美女を嫁さんにもらったり、あるいは、モテモテのハンサム氏が年上のブスと結ばれたりすることが意外に多い」という俗説がまかり通っているが、残念ながら、そうした事実はそう多くはない。実際に原宿あたりの雑踏に行って、デートしている若い男女を観察してみると、それぞれ〝釣り合い〟のとれたカップルが多い。

アメリカの心理学者ウォルターらは、こうした現象について、釣り合いのとれた男女こそカップルになりやすいとする、「マッチング仮説」を検証している。もし自分が見劣りするような素晴らしい相手を選んで、プライドが傷ついたらどうしようとか、高望みして相手から拒絶されたらどうしようという不安や恐怖から、最終的に「自分にはこれがお似合い」と、自分と釣り合いのとれた相手を選んでしまうというのである。

こうした心理傾向は男女間だけにかぎらない。男同士、女同士でも、人の集団の中では同じようなレベルの仲間が集まりやすい。小学校や中学校では、同じクラスの中でも、成績上位のグループ、中位のグループ、下位のグループと、自然発生的に、成績順位でグループ分けがなされることなどは、その好例である。

しかし、四六時中、同質の人の中に混じっていると、ときに群れの中に埋没して、自分自身を正当に評価することができなくなっていく危険性もある。その典型が日本人の〝中流意識〟だろう。すこしまえの意識調査では、日本人の成人の九割が、自分は中流に属していると答えているが、実際に収入面から見ていけば、九割が中流階級などということはありえない。

また、一九八三年に行なわれた調査で、中学生の七割が自分が〝中くらい〟の成績に位置すると答えている。しかし、これも偏差値から見れば、中学生の七割が成績が中ということはないはずだ。にもかかわらず、こうした意識が生まれてくるのは、似たような生活レベル、似たような成績の仲間に埋もれているうちに、自分の位置、価値といったものがわからなくなってしまうためである。

地位や能力、容姿など、自分のレベルに対する評価は、現在、自分がつきあっている人間しだいで、ずいぶん大きく変わってくる。自分に自信をつけ、度胸をはぐくみたいと思ったら、ひとつ自分よりも上と思われる人間と積極的につきあってみることをおすすめする。自分より優れている人の能力、価値観、判断といったものに接していくなかで、自分自身の評価基準も変わり、行動も変わっていく。同時に、相手のいい面を見ならって、それを自分のものにしていこうという欲求が生まれてくれば、おのずとやる気、積極性がはぐくまれることになる。

人間には、他の人の行動を見るだけで、それを学び取る観察学習の能力がある。一般に人の攻撃性、道徳性、男女の性役割など、社会的行動の多くは、この観察学習によって形成されるといわれているが、自分より力もやる気もある人とつき合うことで、いい意味での〝朱に交われば赤くなる〟が実践できるというわけだ。

●結果にこだわらず、いまの自分の実力を知れ

だれでも、頭ではわかっていても、つい楽なほうへ流れがちだ。でも、明らかなのは、それでは何も変わらないということ。そこで、セルフ・コントロール力が大切になってく

る。

挑戦という言葉を使うと、さらにわかりやすい。何かやって失敗すれば、その経験は次のステップに向けた財産になる。しかし、結果を恐れて何もやらずにいれば、プライドは傷つかずにすむかもしれないが、ただ時間が過ぎていくだけ。

そこで、行動を起こすためにも、いまの自分の実力を知ることが重要になる。

受験生がよく言われることに「一〇〇点をめざす必要はない。いまの力を出しきり、そのなかで確実に点をとれるようにすればいいのだ」というのがある。受験生たちは、いまの自分の実力を知るために模擬試験を受けて、受験生のなかでの自分の位置を知る。そこで発奮して力を伸ばす人もいれば、志望校のランクを下げる人もいるだろう。

仕事でも同じだ。いまの自分の実力を知れば目標設定もしやすくなるし、時間に余裕があればさらに実力を伸ばすことができる。つまり、いまの自分の実力を知ることが、今後の方向性を決めるのだ。ただ、自分の現実を知ってガッカリするかもしれない。でも、それが重要なのだ。

人間は臆病だからありのままの自分に目を背けたくなることもあるが、そうすると自分の力を出し切ろうという気持ちからどんどん遠ざかっていく。何もしないまま「自分だってやればできるんだ」と幻想を抱いたり、「これはやっても意味がない」と言い訳をしたところで、どこにも進めないし、他人から見れば笑止千万。

しかし、自分の実力を知れば、やらなければならないことが見えてくる。そこでは、他人の目は関係ない。見えたら、せいいっぱい行動してみて、良くも悪くも、その結果をいまの自分として受け止める。それが、セルフ・コントロール度を増す原動力となり、物事を一つひとつクリアしていく力、そして自信をつけていくのだ。

かのシェイクスピアが「望みなしと思われることもあえて行えば、成ることもしばしあり」と言っているように、成功は行動した者にしか与えられないのである。

●まず、できることから一歩踏み出してみよ

自信を育てるためには、まずできることから始め、自分のほんとうの姿を知ることだ。

たとえば、仕事を進めていくうえで、なにか問題が生じたときも、とにかく基礎的なデー

タ集めでもなんでも、いま自分ができることに力を注いでみる。そんなときは、「なぜ」「どうして」と、問題点にばかり目がいきがちだが、これでは、いたずらに不安ばかりを増幅させ、決断力も行動力も鈍ってくる。できることをいま、すぐやることが、ほんとうのいまの自分の力を知ることにもつながり、問題点を自分なりにとらえられるようになる。

「スーパードライ」の開発によって、ビール業界の勢力地図を塗り替えた、アサヒビールの故・樋口廣太郎さんは、「悩むまえに走る」タイプの人物だと言われた。

このビールのそもそもの出発点は、コクがあって、しかもキレがあるビールの開発であった。飲んだときに芳醇な味わいが残るのがコク、喉をスッと通るのがキレである。両者は二律背反するものだから、古い技術者はそんなものは絶対できないと言う。そこに、たまたまいい酵母が見つかった。ところが、古い人はそんなビールは前例がないからダメだといい、若い社員はやりたいと言って、ドライビール開発に関しては、社内では相当な議論があったそうだ。

だが、この議論はモノがまだつくられていない段階での、抽象的な議論だった。不毛な議論を聞いてだんだん腹が立ってきた樋口さんは、「モノをつくってから、議論しようじゃないか」と、鶴の一声を発した。試作品ができたところで、発売のゴーサインが出て、史上空前のヒット商品は生まれた。

樋口さんは、このビールの開発秘話につけ加えて「いまできることを確実にやること、できないことはあきらめること、これさえはっきり見極めがついていれば間違えることはあまりない」と述べている。

まずできることをやって、そのあとのことは、結果が出たら考えようというのは、自分を知るうえでも、自信をつけるうえでも、ひじょうにだいじなことなのである。

●〝イヤなやつ〟ほどよく観察して、セルフ・コントロール度を高めよ

漢の劉邦が秦の国を攻めて、攻め切れずにいたときのエピソードである。酈食其《れいいき》という儒学者が、酈劉邦のところに訪ねていった。腰掛けに座り、二人の女に足を洗わせている劉邦の姿を見た食其は、お辞儀もせずに、手を振って挨拶しただけで、「あなたは、秦を助けて諸侯を攻めるおつもりですか。それとも、諸侯を率いて秦を攻めるおつもりですか」と尋ねた。

劉邦は腹を立てて、「へっぽこ儒者め。天下が長い間秦に苦しめられてきたからこそ、諸侯が力を合わせて秦を攻めているのだ。秦を助けて諸侯を攻めることなどがどうしてありえよう」と言い返した。これを受けて、酈食其は、「無道な秦を倒したいとお望みなら、腰掛けに座ったままで、先輩に会うべきでありません」と言ったというのである。

酈食其は、自分が傲慢な態度をとることによって、劉邦の傲慢な態度を諫めようとしたのである。傲慢な人物が、天にかわって秦を打つことなどできない。それに気づいた劉邦は、立ち上がって衣服を整え、食其を上座にすえたという。劉邦は、食其の姿に自分の姿を見た。劉邦自身が傲慢だからこそ、相手の無礼な態度が許せなかった。そのことに気づいた点に劉邦の偉さがある。

自分のまわりにいるイヤなやつは、意外と自分と〝うりふたつ〟の欠点や性格をもっているものだ。他人の気が短いところを嫌っている人は、案外自分のほうが気が短かったりする。心理学で言う「投影」によって、自分の欠点はタナに上げて、他人を非難しているにすぎないのだから、自分のまわりのイヤな人間を観察すれば、自分というものが冷静に見えてくるはずだ。相手の用心深さ、ずるさなどが目につくときは、そのままそれが自分の姿だと思ったほうがいい。

自分で自分を見つめるのはむずかしいことだが、他人を観察することはたやすい。他人を知ることで、案外、なぜ度胸が出せないのか、その原因に気づくこともある。原因がわかってしまえば、度胸など出そうと思わなくても簡単に出てくるものなのである。

●失敗したら、「失敗した」ことを他人に話せ

人間の心理には、新しいことにチャレンジして成功を求めようとする「成功希求動機」と、これとは反対に人目を気にして失敗を恐れる「失敗回避動機」が、つねに〝綱引き〟をし合っている。そのため、成功希求動機が強くなると、なにごとにも積極的に挑戦し、勇気を持って行動できるようになるが、反対に、失敗回避動機のほうが強くなると、自信はしぼみ、なにごとにも消極的になってしまう。

たとえば、好きな異性の気持ちを自分に向けさせるため、周囲を驚かすような大胆な行動をとるのは、成功希求動機が強く働くからだ。逆に、好きな相手のまえに出るとひと言

も口がきけなくなってしまうのは、失敗回避動機が強く働いているためである。人の心は、この二つの〝動機〟のあいだを、たえまなく揺れているといっていい。

理屈からいえば、自信をつけるには成功希求動機を大きく育て、失敗回避動機をおさえればいいということになるが、実際にはそう簡単にはいかない。人の心理とはおもしろいもので、無理やり成功のイメージを思い浮かべようとすればするほど、かえって失敗のイメージが鮮明になったり、不安がより強くなったりすることが、往々にしてあるからだ。

失敗回避動機で問題なのは、実際の失敗よりも、〝失敗を人に知られること〟を極度に恐れるという点にある。たいして重大でもない失敗を、人に知られることを恐れるあまり、心の中で実際以上の失敗に育ててあげてしまう、自らその重圧に苦しんでしまうのである。

こうして失敗を秘密にするようになると、ますます消極的になってしまい、さらに失敗回避動機は強まっていく。その結果、なにごとにも手をつけられない状態に陥ってしまうのだ。

こうした心理状態に陥るのを避け、自信をつけていくためには、〝人に失敗したと思われたくない心理〟の逆手をとって、積極的に自分の失敗を他人に話してしまうのも一法である。ミスや失敗をしたら、あえて隠そうとせず、「ああ失敗した、どうしよう」と、人に話してしまうのである。ミスをするたびに、「ああ、またチョンボをしてしまった」と皆に聞こえるように大声で話してみると、ミスを隠そうとして苦労するより、精神的にもずっとラクになるはずだ。

自分の失敗をみんなに公表してしまえば、失敗そのものも早く処理できるし、「失敗を人に知られたくない」という、自分の自信を封じていた〝封印〟があっけなく解けてしまうものだ。

こうして〝公表された失敗〟を数度重ねると、失敗はだれにでもあり、その失敗が実際に自分で思いこんでいたほどたいした問題ではないということも、実感としてわかるようになってくる。そうやって、これまでの強すぎた失敗回避動機をすこしずつおさえていくことが、自信をつけていく近道になる。

●自分の欠点は、さきに見せてしまえ

失敗を隠そうとするあまり、気持ちが消極的になっていくのと同様に、自分の欠点を隠

そうとするあまり、自信が衰えていくケースが少なくない。しかし、こうした自分の欠点も、失敗と同じで無理に隠そうとせず、積極的に人前にさらけ出してしまったほうが、かえって好結果を呼ぶことが多い。

男の欠点は、女性にとって、魅力に感じられることは案外多い。だれでも自分の悪いところ、人より劣っているところは、隠さなければならない恥ずかしいことだと考えがちだが、実際には一点も非のうちどころもないスキのない人よりも、どこかにスキのある人のほうが、人から好感を持たれるものなのだ。

短所や欠点を下手に隠し、長所ばかりを強調して見せようとすると、思いきったことをする度胸など生まれてくるはずがない。むしろ、あえて自分の欠点をさらけ出してしまうことで、「よく見せたい」という心理的な制約から自由になることができ、また、自分が欠点、短所だと思いこんできたことも、実際にはたいした問題ではないことがよくわかるようになる。

心理学の実験で、わざと、失敗した人に対する印象を調べたことがある。この実験の結果、失敗した人に対する印象は、むしろ、失敗後には、確実によくなっているというデータが得られている。

この実験では、失敗についてのみ扱っているが、これは欠点についても同様と考えていい。自分の欠点は、自分で考えているほど深刻なものではなく、その欠点のおかげで、ほかの人たちとのコミュニケーションが円滑になっていくという面もあるのだ。欠点をさきに見せてしまうことを、それほど恐れる必要はない。欠点を隠そうとすればするほど、自信がなくなってしまうような心理状態に陥ってしまうことを知っておいてほしい。

●あえて負け試合に挑んでセルフ・コントロール度を高めよ

安定志向の風潮はますます根強いが、挑戦することを忘れてはいけない。夢をもつことも同じだ。夢はたやすく叶うものでもないし、実現させるためには波風も受ける。しかし、それがたとえ途方のないものだとしても、夢を語り、努力している人を「すごいな」と思いこそすれ、だれも笑うことなどできない。

逆に、いまの自分にできる範囲内だけで動いていると、その範囲自体がどんどん狭まり、気づかぬうちに気持ちも後退していく。そして、新しいことや変化についていけなくなる。世の中は変化するのが常だ。

たとえば仕事で、自分がいま持っている力の五〇%出せばできることと、一二〇%必要なことがあるとする。どちらかを選べと言われたら、あなたはどちらを選ぶだろうか。五〇%でできるとわかっていることなら難なく成功するだろうし、安心できる。恥もかかない。しかし、一二〇%の力が必要なものを選ぶとなると、相当な勇気も度胸もいる。ここが分かれ道だ。

怖いかもしれないが、自分の力以上のものに挑戦すれば、負けてもその経験は新しい財産になる。たとえ大失敗に終わってもいいから、とにかく思う存分挑戦してみる。そうして獲得した経験こそが、前へ前へと進む本物の勇気と、本物の自信を生んでくれるのだ。人生に、消化試合はない。

●一分間のスピーチをするときは、一時間かけて原稿をつくれ

ある大手出版社の小説担当編集者から、新人作家の将来性の見きわめ法を聞いたことがある。

「作品の傾向にもよりますが、一つは、資料にどのくらいカネをかけるかということです。こっちが心配するくらい、ドーンと資料を買う人は将来性があります。新人のうちは、だいたいお金の余裕もあまりないのですが、その中から資料代を払えば、なんとか元をとろうと、必死になって次の作品を書く。また、資料も真剣に読みますから、新しい鉱脈を発見することもできるでしょう。だから、将来性にも期待がもてるわけです」

新人作家にかぎらず、人間はだれでも、お金、時間、労力などを注ぎこんだものに対しては、なんとか元を取り返そうとするものだ。ゴルフなどの趣味を始めるときも、初心者用の道具を買うくらいなら、最初から、たとえ高価でも、本格的な道具をそろえたほうがいい、というひとがいる。

これも、〝投下資本〟を回収しようとする心理を利用して、三日坊主などで終わらせな

いための知恵といえるだろう。

自信をつけるにも、これと同じことがいえよう。高価なゴルフ道具をそろえた人ほど、ゴルフの練習に熱心になるように、事前の準備に労力をかけた人ほど、いざというときに力を発揮することができる。「ここまで苦労したのに、それをムダにはしたくない」と思えば、困難な場面に直面しても、そうは簡単には引き下がれず、立ち向かっていくがんばりも出てくるはずである。

アメリカの歴代大統領の中でも、Ｆ・ルーズベルトは、演説のうまさではズバ抜けていたそうだが、そのルーズベルトでも、わずか一分間の演説のために、一時間を費やして原稿をつくったという。ルーズベルトの演説が聴衆を引きつけた秘密は、推敲に推敲を重ね、これでよし、という自信にあったのではないだろうか。

私も気の小さいほうだから、大勢の人の前で講演したりするのは、いまでも苦手である。学生に講義をするときでも、事前の準備に時間をかけるようにしているが、準備をていねいにしたときほど、学生の前でも落ち着いてしゃべることができるような気がする。

「備えあれば憂いなし」ではないが、「備えのないところに度胸なし」ということは、各種のスポーツで優勝した人が、「あれだけ練習したのだから、負けるはずがないと思っていました」とよく話すことからも明らかだろう。

どうしても、いざというときに弱気になってしまうというなら、とにかく一度、もうこれ以上準備をするのは、時間的にも労力的にも無理だというところまでがんばってみることだ。ここまで来たらもう後戻りなんてバカバカしいと思えるくらいに準備に力を入れたら、とにかくやるしかなくなるだろう。そこまで準備をしたのだからと、自信もついているはずだ。やらなきゃ損という気持ちと、準備にこんなに手間をかけているという自信が、これまでよりもずっと度胸を出しやすい状態にしてくれているはずだ。

これもさきの編集者から聞いた話だが、遅筆で有名な新進作家が先輩作家に、「原稿が速くなるクスリはないですか」と聞いたら、こんな答えが返ってきたという。「そんなのは簡単だ。高級ホテルの高い部屋に自分からカンヅメになればいい。ホテル代で原稿料が吹っとんじゃうから、一日でも早く出ようと、目の色を変えて原稿を書くよ」

これも、自分の能力を引き出すための有力な方法といえるだろう。たとえば片想いの女性がいたときなど、一度彼女を誘って高級レストランで大散財してみる。ふだんは、女性を口説く自信のない人でも、これだけ金をかけたのだからと思えば、彼女があまりのってこなくても、あきらめてしまいそうになる気持ちを押しとどめやすくなる。そこから、彼女とうまくつき合うために、ふだん以上の度胸や作戦も出てくるはずだ。ウソだと思ったら、一度試してみるといい。

●自分の中に芽生えた不満や不安こそ大切にせよ

熱狂的なプロ野球ファンは、ひいきのチームが勝つと、その夜のテレビのスポーツニュースを全部見て、翌朝はスポーツ新聞を買いあさったりするものだ。いっぽうで、負けた日にはニュースも見ないし、新聞も開かないという人も少なくない。

自分にとって不快なもの、望ましくないものを見たり聞いたりしないようにする、こうした心理メカニズムは、〝知覚的防御〟と呼ばれている。これは、ストレスをためないために必要な自己防衛の手段になるのだが、過敏に働かせるようになると、自分を守ろうとする気持ちが強くなりすぎるあまり、確実に勝てる勝負しかできない人間になってしまう恐れがある。

人間は負けや失敗から、多くのことを学ぶのであり、また、負けることの積み重ねから度胸もついてくる。プロ野球では六割勝てば優勝、将棋の棋聖にしても勝率は七割前後、ゴルフにいたっては、あの尾崎将司選手でも勝率は一割か、せいぜい二割台だった。あとは全部負けなのだが、世間は棋聖や尾崎選手のことを弱いとはいわない。

なぜなら勝負の世界では、負けることによって強くなっていくからである。より強いものに恐れずに向かっていく気持ちがなければ、強くなれないものである。


ロシアの文豪ツルゲーネフは、ことに際してどのような態度をとるかで、人間を〝ドン・キホーテ型〟と〝ハムレット型〟の二つのタイプに分けている。現実を直視せずに、自分の空想やひとりよがりの正義感にかられて向こう見ずの行動に出る人間が〝ドン・キホーテ型〟。考え込んだり、疑ってばかりいて、決断力や実行力にとぼしい人間が〝ハムレット型〟である。

度胸のある人間とは、もちろんドン・キホーテ型のことを言うのではない。現実をしっかり見すえられなければ、それはただの〝向こう見ず〟な行動にすぎない。むしろ、周囲のことを考え、つねに自問自答しながら迷っているハムレット型のほうにこそ、ほんとうの力を発揮できる〝素質〟がある。なぜならば、ハムレット型は、自分の中にある不安や葛藤を真面目に受けとめ、それをなんとかしようと、もがき苦しみながら解決しようとする気持ちがあるからだ。

不安や不満から簡単に逃げようとするから、勝てる勝負しかできない方向にいってしまうわけで、正直に自分の不安と対面していけば、おのずと〝ありのままの自分〟と、〝ありのままの相手〟が見えてくる。あとは、とにかく行動に移すことである。

ここで大切なのは、自分の中に芽生えた不安と、真正面から向き合ってみることだといえよう。不満があるからこそ、人間は前進するエネルギーを獲得でき、仕事に立ち向かう力が湧いてくる。不安は、自信を生むための〝活力剤〟になるのだ。

●「どうせ」「やっぱり」を日ごろの言葉から追放せよ

私の学生時代に、とびきりの美人ばかりを口説きまわっている男性がいた。この男は、何度美女からふられてもいつもケロッとしている。まわりからは、なんて自信のあるやつだろうと思われていたようだが、彼をよく観察してみると、けっしてそうではないことがよくわかった。というのは、彼の場合〝高嶺の花〟には声をかけられるが、身近にいる〝人並み〟の女性には、けっして声をかけようとしなかったからだ。

この男性は、どうやら自分の容姿に過度のコンプレックスを抱いていたようだ。〝自分とつりあう容姿〟の女性にふられれば、このコンプレックスはさらに重症になる。だれが見ても不つりあいな、ふられてもともとの美人が相手なら、自尊心は傷つけられない。

はじめから手が届かないとあきらめている目標は、すこしがんばれば届く目標よりも、アタックしやすい。つまり彼にとっては、ふられたときにいいわけすることができない〝十人並み〟の女性を口説くほうが、度胸がいるのである。そこで、度胸を必要としない美人のほうに、つい逃げてしまうという訳だ。

この男性を見ていてもうひとつ気になるのは、会話中に、「どうせ」「やっぱり」という言葉がひんぱんに出てくることだ。結局、ふられることを前提として声をかけるため、〝高嶺の花〟に声をかけるときには、声をかけるまえから断られたときのショックをあらかじめやわらげておこうとする心理が働く。そこで、不当なまでに自分を卑下したり、他人のせいにしたりするこれらの言葉を使うのである。

この心理メカニズムは、イソップ寓話の「キツネとブドウ」にたとえられる。ご存知のように飢えたキツネが、ブドウ棚から下がっているブドウを取ろうとするが、どうしても手が届かない。そこで、「どうせ、あれはまだすっぱくて食えない」と、キツネがひとりごとを言って立ち去るという話だ。これが「すっぱいブドウの論理」と呼ばれる〝合理化〟のメカニズムである。

この「どうせ」とか「やっぱり」という言葉は、自分自身意識しないうちに身についてしまうことが少なくない。そのうえ性質の悪いことには、ほかの人が言う「どうせ」には気づいても、自分が発する「どうせ」には往々にして気がつかない。自分をいちばん都合のいい場所、つまり度胸を発揮しなくてもすむ状況にとどめようとする〝無意識の力〟が働いているのである。

とはいっても、ちょっと注意して自分で自分を観察する〝クセ〟をつけていれば、自分が発する「どうせ」を、すぐに発見できるようになる。「どうせ」という言葉を発見できるということは、これまで実力を出す場面を知らないうちに避けている自分を発見することでもある。

自分を発見できれば、その時点で〝自分から逃げない自分〟に、一歩近付いたといえる。あとは、もう一歩踏みこんで、「どうせ」「やっぱり」という言葉が出かかったときに、ぐっと飲みこんで外に出さないようにすることだ。言葉は、その人間の内面を映し出す〝鏡〟であるが、言葉を変えることで内面が変わってくることも、また事実である。

「どうせ」「やっぱり」という言葉を自分の中から追い払うことができれば、その言葉につながっていた〝甘え〟や〝逃げの気持ち〟とも別れることができる。こんなちょっとしたことが、自分を閉じ込めていたものから解放してくれるのである。

4

ドキドキ、ハラハラの一線を踏み越えれば大きな山を動かすこともできる

④あなたのモチベーション度は？

一六ページの自信度テスト、質問4の合計点は何点でしたか？　この点数はあなたのモチベーション度を示しています。

モチベーションとは、さまざまな障害を克服し、自分の能力を十分に発揮して、目標を達成しようとする〝やる気〟をさします。つまり、モチベーション度が高ければ高いほど、やる気に満ちていることになります。

自信をつけるにも、まずやる気がなくては話になりません。もしあなたのモチベーション度が50点以下なら、やる気の出し方や目標の立て方について、これからお話することを参考にして考えてみるといいでしょう。

●戦うまえに〝勝利宣言〟をして、モチベーション度を高める

女性とうまく話せず、そのために女性とつきあうことを避けていた男が、周囲がお膳立てをしてくれた見合い話を断わりきれなくなり、死ぬ思いで出かけていったところ、意外に相手の女性とうまくいき、結婚したという話がある。自分ではとうてい踏み切る勇気がわいてこないことでも、この話のように、周囲の力を借りることで可能になることはいくらでもある。自分に自信をつけるためには、周囲の力を借りてみるのも一法かもしれない。

と言っても、手取り足取りしてもらってはいけない。私が言いたいのは、周囲からのプレッシャーをわざと逆手にとって、不安やためらいがあっても、行動せざるをえないように自分を仕向けてしまおうということである。度胸をなかなか出すことができない人に必要なのは、はじめの一歩を踏み出すきっかけである。かりに、周囲の人に押し出されて仕方なく一歩踏み出したとしても、行動したことに結果的には変わらない。

この周囲の力を借りモチベーション度を高める方法のひとつが、「自分はこれをやる」

と宣言してしまうことで、多くのスポーツ選手が活用している。たとえば、ボクシングのヘビー級チャンピオンとして世界的に人気のあったモハメッド・アリは、カシアス・クレイと名乗っていたころ、〝ホラ吹きクレイ〟のあだ名があった。試合まえにかならず、「五回までには、あいつを天国に行かせてやる」「おれは蝶のように舞い、あいつはブタのように土下座する」などと、派手な、KO宣言をして話題をさらったものだった。

では、アリは自信満々でリングに上がっていたかというと、けっしてそうではなかった。試合まえの表情は、テレビで見ても、神経をピリピリさせているのがよくわかった。アリも人の子、恐怖と不安に戦っていたのだろうが、試合が始まるとパワーを爆発させ、彼はつぎつぎと挑戦者を下していった。

これは、もちろんアリに実力があったからだが、その実力を十二分に発揮できたのは、〝KO宣言〟をして、モチベーション度を高めた結果だと言うことができる。宣言をしたからには、ぶざまに負けてしまったら、天下のアリも、ほんとうにただの〝ホラ吹き〟になってしまう。敗者のみじめさが、倍以上になってしまうから、「どうしても勝つのだ」という気力を奮い立たせ、試合に臨む度胸をすえた。アリは〝KO宣言〟を利用し、たくみに自分の心理をコントロールしていたと考えられるのである。

　ソウルオリンピックで金メダルをとった水泳の鈴木大地選手も、「オレは金メダルをとる」と、ことあるごとに口に出していたという。有力なメダル候補でも、オリンピック特有のプレッシャーに負け、実力を発揮せずに敗れる選手が多かったなかで、鈴木選手が金メダルを獲得できたのは、やはり〝宣言〟の心理的効果が大きかったと推察できる。


　日本人は一般的に、〝KO宣言〟を嫌う傾向がある。やるまえから自分の力を誇示するのは謙虚さに欠けるというわけだが、謙虚さとは、裏返せば、負けたり、失敗したときに引っ込みがつかないから、何も言わないほうが無難という消極性の表れでもある。

　最初から、失敗したときの〝逃げ方〟まで考えているようでは、本番で実力を十分に出しきる度胸は生まれてこない。〝火事場のバカ力〟ではないが、人間は追いつめられると、本人でさえ意外なほど、実力を発揮することがめずらしくない。

　その点、「かならずこうしてみせる」と宣言すれば、それができなかったとき、何を言われるかわからないので、なんとかそうならないように、必死になる。やる気も起こるし、力が試される場面に進んで飛び込んでいくこともできるようになる。

ホンダのオートバイといえば、世界的に有名だが、昭和二十九年、故・本田宗一郎さんが、英国マン島のレースに参加すると宣言したときは、だれもが驚いた。当時、ホンダのオートバイは日本ではナンバー1だったが、まだまだ技術的には欧米にはるかに劣り、ホンダが勝てる見込みなど、とうていなかった。にもかかわらず、本田さんは、参加するからには、優勝してみせると豪語した。〝ホラ吹きクレイ〟どころの話ではない。

案の定、最初は勝負にもならなかったが、本田さんはあきらめずに挑戦しつづけ、ついに三十六年に優勝し、〝世界のホンダ〟の声価を高めた。あなたも一度、勝利宣言を試してみるといい。

●だいじなことは、はじめにズバリと言え

以前、学生たちと雑談しているときに、ひとりの男子学生からナンパ成功のテクニックを聞いたことがある。彼はとくにハンサムでもなく、強引に女性を口説きおとすような図々しい人間でもない。しかし、ほかのもっと容姿がいい学生や、強引に誘う度胸のある学生よりも、ホテルまで行く確率が高いと自慢するのだ。

彼のテクニックは、女性を誘ってお酒を飲んだり、食事をしたりすることに成功して、ある程度いい雰囲気だなと感じたら、早めに「今夜、ホテルに行かないか」と言っておくのだそうだ。彼に言わせると、自分はそんなに度胸があるほうではないので、はじめに言っておかないと、女性と話をしていても、「どうやって口説こう」「こんなふうに言ったらダメなんじゃないか」とあれこれ考えてしまい、結局、誘うことができないまま別れることになりがちだという。それくらいなら、はじめから言ってしまったほうが、あれこれ迷わなくていいのだというのが彼の言い分だ。

会議などでも、同じような経験をしている人も多いのではないだろうか。発言しようと思っても、自分の意見にいまひとつ自信が持てず、相手を説得するもっといい材料がないかなどとあれこれ考えているうちに、別な人間に自分と同じ意見を言われてしまったりする。こんなことなら、最初に考えたことを発言しておけばよかった、と後悔しても間に合わない。

結局のところ、自分の意見を言う度胸が出ないのは、ひとつには、もっとうまい説得材料はないかなどと迷うからである。あるいは、相手がこう反論してきたらどうしようか、などと余分なことを考えすぎるからである。逆にいえば、迷ったり、考え直したりするヒマがあるから、度胸が出ないということになる。

そんなときには、迷っているヒマがあるくらいなら、自分の意見を言ってしまおうと考えたほうがいい。相手は反論してくるかもしれないが、意見を言った以上、こちらもそう簡単には、引き下がれない。自分の意見を補強するために、必死に応戦せざるをえない。これは、かなりしんどい仕事かもしれないが、「待った」のきかない真剣勝負みたいなものだから、確実に自信はつく。

〝偉大なる野次馬〟と称された故・大宅壮一さんに、おもしろいエピソードがある。なにか事件が起こって、新聞記者が大宅さんに電話してコメントを求めると、大宅さんは、「きみんところは、反対意見がほしいのか、賛成意見がほしいのか」と逆に質問したそうだ。どちらであっても、大宅さんは間髪を入れず、機関銃のように述べたという。

正直言って、私にはこんな芸当はとてもできない。大宅壮一ならではの話だが、結論を先に言ってしまっても、あとはなんとかなる、という実例の一つにはなるだろう。

●賛成か反対か迷っているときは、とりあえず「NO」と言ってみよう

かつてベストセラーになった『「NO」と言える日本』ではないが、「自分には度胸がない」と嘆く人は、もっと「NO」を言ってみたらいい。たとえば、上司や同僚と話をしていて、相手の意見に賛成できないときも、なかなか「NO」を言わない人が少なくないが、賛成か反対か、たとえ自分の考えがはっきりしていなくてもとりあえず、賛成でないならばすべて「NO」と言ってみるのである。

一度「NO」と言ったからといって、その「NO」にこだわることはない。こちらが「NO」と言えば、相手はこちらを説得しようとしてくるだろうから、それを聞いたうえで納得したら、今度は「YES」と言えばいい。そんなことをすると、いかにも無定見、無節操のように見えないかと心配する人もいようが、けっしてそんなことはない。

日本人は、「NO」と言うと相手から悪く思われないだろうかなどと、とかく「NO」のマイナス作用ばかりを考えすぎる傾向がある。しかし、私が以前「YES」と「NO」

の効果を、さまざまな面から調査したところ、「NO」にも効用があることがわかった。それを要約すると、つぎのようになる。

「最初から相手に賛同するより、最初は反対し、のちに賛成の立場に立った人のほうが、相手から好意的に評価される。どのような場合でも、相手とまったく同意見ということはありえない。ひたすら〝イエス・マン〟になるより、問題点を指摘してから、相手の意見に従ったほうがいいといえる」

だいたい気の小さい人は、交渉の席などでもなかなか「NO」が言えずに苦労するようだが、「交渉はNOから始まる」というのが、交渉上手な人が共通して指摘することである。その典型が、長いあいだ旧ソ連外相として、外交手腕を発揮した故・グロムイコ氏だ。グロムイコ氏は、「ミスター・ニェット」とあだ名を奉られたほどの人で、いうまでもなく、ニェットとは、ロシア語の「NO」である。

旧ソ連の内情に詳しい森本忠夫氏は、K・G・ヴオロフの「十原則」を通して、ソ連流の交渉術を分析しているが、この原則の一つが「反対の原則」と呼ばれ、グロムイコ氏に代表される「ニェットの交渉術」である。森本氏はこう書いている。

「（〝反対の原則〟とは）相手に意見を述べさせ、自分はできるかぎり、ぎりぎりのところまで反対（ニェット）を続けることである。（中略）こうした作戦をとると、誤りを犯す危険性（リスク）が非常に低くなるので、問題をさまざまな方向で決められるという不安定な状況のときに、この作戦は、よく使われる」（『文藝春秋』一九八六年）

ある提案が拒否されたら、提案者は、なんとか承諾してもらうために、いままで以上の情報を提供したり、別の提案を示したりしなければならなくなる。つまり、「NO」をくり返していると、相手は多くをしゃべらざるをえず、手の内もさらしてくる。相手の本音も出てきて、交渉に有利になるというわけだ。そうした駆け引きは別にしても、「NO」は「YES」では生じないやりとりを生んでくれることはたしかだろう。

ここでつけ加えておけば、「NO」を言うということは、〝結論〟を先に言うということでもある。一般に、気の弱い人ほど、自分の意見を言うにも、「この問題にはいろいろな側面があるのですが」などと前置きが長く、何を言わんとしているかさっぱりわからないということが多い。おそらくしゃべっている本人もわかっていないのだろう。

あれこれ言いわけしたり説明したりするのは、発言するまえにあれこれ迷うのと同じ状態で、そのうちに、自分が何を言いたいか、わからなくなってしまう。そうやって、「あいつは自分の考えも言えない自信のないやつだ」と周囲から見られるようになると、本人もそう思いこんでしまい、ほんとうに発言する度胸が出なくなってしまうのだ。

こうしたことを避けるためにも、まず結論を延べ、詳しい説明はあとまわしにするように、ふだんから心がけるといいだろう。こうすれば、結論を先に言うことで、〝迷う余裕〟を自分から奪うことになる。あとは、いったん口にしてしまった結論をどう補強、説明していくかだけだ。

●何かをやろうと思ったら、自分に報酬を与える

久しぶりに会った友人が、いささか複雑な表情でこんな話をしてくれた。

「親として、まことに情けない話だが、子どもの成績を上げようと思ったら、目の前にニンジンをぶら下げるのが、いちばん効果があるとわかった」

話を聞くと、友人の息子は、中学生になっても、勉強に身がはいらない。両親がいくら「勉強しろ」といっても、ただ机の前に座っているだけで、成績も上がらなかった。試し

にあるとき、「試験で八〇点以上とったら千円あげよう」と言ったところ、効果はてきめんに表われた。息子は目の色を変えて勉強するようになり、それまでは八〇点をとることなどなかったのに、最近は週によっては何千円かとられているという。

心理学ではこれを「成功報酬の原理」と呼んでいるが、〝やる気〟を育てるためには効果のある方法ではある。

こんな実験例もある。一つの仕事を、二人で協力してやらせ、仕事が終わったら、一人（A）には過大な報酬を与え、他の一人（B）にはわずかな報酬しか出さない。その結果、Bが不満をもつのは当然として、興味深いのはAの反応である。

この実験で過大な報酬をもらったAは、不適切感と罪の意識を感じると述べ、報酬の提供者を嫌いだとまでいった。ところが、ウソ発見器にかけてみると、Aは罪の意識を感じていないばかりか、今後もこの報酬の提供者と一緒に仕事をしたいと思っていることがわかった。つまり、タテマエとしては、過剰報酬の権利を否定するのだが、ホンネは、過剰報酬によって自分の価値が高く評価されたことに満足し、提供者に好意を感じていたのである。

こういう「成功報酬の原理」は、自分で自分に〝報酬〟を与える場合にももちろん働くが、この原理を度胸を出すために利用することもできる。たとえば、「今度の会議で新しい自分の企画を通す」ということを、同僚に〝宣言〟するだけでなく、企画が通ったら、相手から一万円もらい、通らなかったら自分が一万円払うというように賭けてみるのだ。

こうして、「企画が通ったら一万円もらえる」という報酬をつくっておくと、ふだんなら、上司や同僚から反対意見が出ると、すぐに自分の意見を引っ込めてしまうところでも、もうひとふんばりがんばって企画を通すのだという度胸が、不思議と出やすくなる。また、どうしても通したいと思えば、それだけの説得材料も必要になってくる。事前に説得材料を用意しておけば、反対意見に反論するときでも、より度胸を出すための自信にもつながってくる。

馬は、鼻の先にニンジンをぶらさげられればよく走るが、人間にも同じことが言える。これをやったら、これだけの報酬をやると自分で決めておき、モチベーション度を高めるのだ。

●自信がなければ、パートナーを探せ

他人を巻き込んで度胸を鍛えていく方法として、パートナーをつくることも効果がある。自分の自信のない部分をパートナーに補ってもらい、パートナーの苦手なところは自分が補うというようにして、それぞれの能力を生かして役割分担をすれば、おたがいに思いきって仕事ができるし、それぞれが持っている長所を最大限に引き出すこともできる。これが本当の自信につながっていく。

かつて労組の強かった某大企業で、一貫して労務を担当した人から、こんな話を聞いたことがある。「ワンマンの労組委員長というのは、恐くないんです。ひとりの能力は、タカが知れている。団体交渉のとき、こちらは何人もいますから、得意な分野を決めて議論すると、まず負けない。だけど相手が、うまいコンビを組んでくると手強いんです。早い話が、委員長が脅し役で、書記長がそれを理論的に補ったりすると、どうしても交渉は長引き、押され気味になりやすい」

役割分担をすると、自分の役割をしっかり演じなければ、パートナーに迷惑がかかると

いう意識も生まれてくる。パートナーに迷惑をかけないためにも、必死になって自分の持分に専念していると、おのずと積極的に行動するようになってくる。自分の持分については、「できない」などと泣きごとを言っていられなくなるからだ。

ソニーやホンダの成功も、井深大さんと盛田昭夫さん、本田宗一郎さんと藤沢武夫さんという、能力を補い合うパートナーがそれぞれいたからこそ、各人が大胆、積極的に行動でき、その結果、成功がもたらされたともいえよう。

●調子が悪いときこそ、「絶好調」を口に出せ

大学の入学試験を受けたとき、入社試験の面接のとき、憧れの女性に声をかけようかどうか迷ったとき、転職の誘いがあったとき……。あのとき、一歩踏み出す度胸がなかったためにチャンスをつかみそこなったという苦い体験を、あなたもひとつやふたつ持っているだろう。

じつを言えば、かく言う私自身、じつに自信のない人間なのである。教師の仕事を長年続けているが、いまだに学生の前で話すときは、ドキドキ、ビクビクが消えない。それで

もなんとかやっていけるのは、臆病な自分をなだめたり、励ましたりして、なんとか度胸を引き出す方法を知っているからだ。

その点で私が気になるのは、「自信がなくて」と嘆く人にかぎって、〝自信は、人によって持っていたり持っていなかったりするもの〟と考えているフシがあることだ。しかし、自信は、生まれつき肌が白いとか黒いというように、人によってちがうものではない。誰でも自信の〝モト〟を持っているのだが、要は、その引き出し方、育て方を知っているかどうかの差だけなのである。

たとえば、現役時代「ゼッコーチョー！」という言葉と、思いっきりのいいプレーで知られた元巨人軍選手で現横浜ＤｅＮＡベイスターズ監督の中畑清氏。無名時代の中畑選手は、実力はありながら、いざというときに実力を発揮できずにいた。中畑氏がそうだというわけではないが、本番で実力を出しきれないというのは、自信のない人によく見られる傾向である。

その中畑選手を救ったのが、当時の監督だった「チョーさん」こと長嶋茂雄さんだった。一回や二回打てなくても、クヨクヨするな、いつも「自分は絶好調だ」と信じていれば、絶対に実力を出せるはずだ。こうしたことを長嶋さんは中畑選手に言い続けたそうだ。以後の中畑選手の活躍は、文字どおり、「ゼッコーチョー」だった。

中畑選手のこのケースは、心理学でいう「自己暗示」の典型といえるだろう。たとえ前日、五打席ノーヒットだろうと、「ゼッコーチョー」と叫ぶことで、ほんとうに自分は絶好調だと思いこみ、だいじな勝負の場面にも向かっていける度胸を、中畑選手は引き出すことができたのである。

このように、自分がどんな状態にあろうと、「いま、自分は絶好調なのだ」と思うことが、自信を生む心理テクニックの一つなのである。「病は気から」というが、「自信も気から」というわけだ。「自己暗示」は、モチベーション度を高めるための妙薬なのである。

●モチベーション度を高めたければ、「正門主義」で行け

昔、旧制高校を目ざす受験生のあいだに、「正門主義」という言葉があった。入学試験のときは、たとえ裏門から学校にはいったほうが近くても、とにかく正門から堂々と胸を張って入れというもので、受験生はこれによって、何がなんでも突破してやると、気力を

ふるいたたせていたのである。

たしかに、「もしかしたら落ちてしまうかもしれない」という受験生の臆する気持ちを振り払い、受験に臨む度胸を引き出すのに、この「正門主義」はおおいに役立ったに違いない。

大学の試験官をしていると、「正門主義」とは逆に、なかなか席につきたがらない学生をよく見かける。教室の隅で時間ぎりぎりまでメモを見ていたりするのだが、こういう学生は、真面目なわりに成績はあまりよくないケースが多い。やはり試験に対して逃げる気持ちがあり、それが無意識のうちに、席について臨戦態勢をとることを避けているのだろう。

はじめから気持ちが逃げてしまっていては、できるものもできなくなって当然だろう。こんな場合、不調のときでも「ゼッコーチョー」だった中畑選手ではないが、〝カラ度胸〟でいいから早く自分の席に座ってみることだ。不思議と、さあこいと自信がわいてきて、案外、問題に積極的に向かっていけるはずだ。

苦手な相手に会ったときでも、同じことがいえる。話が終わりかけるころになるとソワソワし、終わったとたん、「やっと解放された、早くこの場を去ろう」と、挨拶もそこそこに出ていってしまう人がいる。このような逃げの気持ちになるときは、私自身振り返ってみても、たいてい相手のペースにはまっていることが多い。すると、その相手とはそのあと何度会っても、同じように気おくれして、自分の意見を主張する度胸が出てこなくなってしまう。

苦手な相手に対して度胸がほしかったら、話が終わっても、すぐには逃げないようにすることだ。なるべくゆっくりと、演技でもいいから、名残り惜しそうに退去することから始めてみる。人間関係には「熟知性の原理」というものがあって、相手に接する回数や時間が長いほど、その人に慣れてくるばかりか、好意さえ持てるようになる。電車で毎日顔を合わせる人に、なんとなく親しみを感じるのと同じ原理だ。

相手と接する時間を長くし、雑談の一つもかわせるようになれば、相手のことをよく理解できるようになり、イヤだと思っていたイメージが、たんに先入観にしかすぎなかった、ということに気づくかもしれない。そうなれば、相手とも堂々と渡り合えるようになってくるはずだ。

●苦手な人に会うまえは、鏡の中の自分に向かって笑いかけろ

イギリスの名宰相、ウィンストン・チャーチルといえば、ナチスを相手に一歩もひかなかったことから、度胸のある人物の典型だといわれている。彼はまた、演説の名手としても知られているが、彼の演説によってイギリス国民は奮い立ち、なんとか第二次大戦を切り抜けたといわれるくらい、力強いものであったらしい。

しかし、その彼にして、議会や国際会議に出て演説するまえには、かならず自分のさっそうとした姿勢を鏡に映すことで、不安をおさえ、自信と力をみなぎらせてから、演壇にのぼったそうだ。チャーチルでさえ、人前に出るときは緊張するのである。

緊張感は、だいたい顔のこわばりとなってあらわれてくる。自分の顔がこわばっていることを意識すると、今度は顔が引きつってくる。このままでは、どんどんマイナス方向におちいっていくだけだ。このことを知っていたからこそ、チャーチルも鏡の前でさっそう

とした姿をとることで、マイナス方向に向かいそうな気持ちを、鏡を利用してプラスの方向に向けていたに違いない。

緊張する場に出るときや、大勢の人の前で発表したり、苦手な取引き相手に会うときは、チャーチルのように鏡に向かってみるのも一法だ。自分の姿を鏡の中で確認し、鏡の中の自分に向かって笑いかけてみる。ニッコリ笑って顔のこわばりがとれれば、心の緊張もおのずとほぐれてくる。

笑いはその場の緊張をほぐし、活気づける効用がある。これは、自分自身に対しても同じことで、たとえ〝カラ笑い〟でも、心を活気づけてくれる。笑うゆとりがないように思えるときほど、鏡に向かって無理にでも笑いかけていると、余裕ができてくる。すると、不思議と自信もわいてくるのである。

●迷ったときは、とことん迷ってみよ

テレビ中継を見ていると、マラソンは、じつにメンタルなスポーツであると感じさせられる。ランナーは、先頭集団からいったん脱落すると、とたんに足が重くなり、あっとい

うまに見えなくなる。あきらめによる気力の萎えが、足に伝わって足の動きを止めてしまうかのようだ。

自動車のF1レースも、心理的な駆け引きが勝敗のポイントになると聞いたことがある。トップを走っているドライバーは二番手以下をあきらめさせるために、差を広げることに全力をつくす。ドライバーはピットと無線で連絡を取り合っているから、自分とほかのドライバーのラップタイムを把握している。数字のうえから、どうあがいても追いつけないとわかったとき、二番手以下のドライバーの戦闘意欲はみるみるうちになくなってしまうのだ。

だが、マラソンランナーもF1ドライバーも、あきらめるまえに必死になって抵抗している。先頭集団から脱落しそうなランナーは、顔をゆがめて必死でついていこうとするし、二番手のドライバーはテクニックの限りをつくして、トップとの差をつめようと努力する。同じ負けるにしても、とにかく〝悪あがき〟をして、自分の力を出しきることだけを考えている。それがつぎのレースにかならず生きてくることを、よく知っているのだ。

自信がないと思っている人は、えてしてこの〝悪あがき〟ができない傾向にあるようだ。

あきらめる場所をなるべく早いところに置くことで、自分が傷つかないように仕向けているのである。つまり、自分が全力を出しきって負けたとしたら、その結果、自分のほんとうの実力を知ることになる。それを知ってしまうのが恐いため、早めにあきらめることで、心のどこかで、まだ全力を出しきっていないのだからという、〝いいわけ〟を残そうとしているのである。

しかし、いつも同じ場所で引き返していては、ほんとうの自分の力を知ることはできないし、自信を試す場も開けてこない。〝悪あがき〟をしてみて、すこしでも〝引き際〟をのばそうと努力することで、度胸は鍛えられていくのだ。

何かに迷っているときでも、「これでいいや」と簡単に結論を出さずに、とことん悩み抜いてみることだ。簡単に結論を出すことは、一時的には心理的な安定状態をもたらすが、真の解決を先送りする結果にしかならない。

たとえば、受験生は、どの学校を選んだらいいだろうか、どの科目を選択したらいいだろうかと悩むことが多い。そういう悩みに関して、心理学者の多湖輝さんは、「〝迷い〟こそ、向上心の表われだ」とハッパをかけている。

迷わずに簡単に結論を出すのは、とにかく早く〝安定〟したいために、自分をごまかすことを意味している。だが、迷いに対してとことんつきあうことこそ、自分から逃げず、自分に対して誠実になるということではないだろうか。「迷っている間の空白時間、精神的なブランクは、その迷いが深いほど早急に取りもどせるものなのだ」と、多湖さんも指摘しているが、私も同感だ。

手近なところで手を抜かず、とことん迷い抜いてこそ、人生の困難に立ち向かう自信は生み出されていくのである。

●ダメとわかっているときこそ、あえて〝反抗〟を試みよ

いささか旧聞に属するが、プロ野球のセ・パ両リーグが、〝新ストライクゾーン〟を採用したときの話だ。低めの球一個分だけ、従来より低くなるため、打者にとっては不利になるだろうとシーズンまえから予想されていた。そこで、当時カープの四番打者であった山本浩二選手は、オープン戦のときから、新ストライクゾーン対策をたてた。

対策といっても、打ち方を変えたりしたのではない。低めギリギリの球をストライクと

コールされたとき、バットをホームベースに叩きつけて、審判に猛烈な抗議の姿勢を示したのである。〝絶対的存在〟の審判であっても、ストライクかどうか迷ったときは選手の〝判断〟にひきずられることもあるというが、山本浩二選手の抗議は、それを狙ったものらしい。実際、その抗議のあと、低めの球の判定が打者に対して甘くなったというから、山本選手の対策は功を奏したようだ。

こんな話を持ちだしたのは他でもない。アメリカの心理学者レオン・フェスティンガーが指摘しているように、「人は客観的に判断できない事柄に関しては、自分の信念と、他人の行動や経験と比較しようとする」という心理傾向を持っていることを、言いたかったのだ。つまり、どんな人でも決断や判断をくだしにくいときには、他人の判断を頼りにする傾向があるということである

だからこそ、ダメだとわかっているときでも、あえて〝反抗〟してみるのは、モチベーション度を高めるうえで、けっして無駄にならない。誰でも自分に確固たる自信があるわけではないのだから、〝反抗〟は自信を育てる栄養剤になる。いくら偉そうに見える人でも、地位が高い人でも、これは同じである。たとえば会議で、「いまさら反対しても、流れは

変わらない」と思っていても、おかしいと考えたら、反論してみたほうがいい。「こんなことを言っても、だれにも相手にされないだろう」と勝手に決めこんでは、いくらたっても自信は育たない。

相手が上司であろうと社長であろうと、とにかく意見を出してみる。たとえそのときはダメだったとしても、迷ったあげく、ドキドキ・ハラハラの一線を踏み越えたことが、あなたの大きな自信となるはずだ。そうなれば、こんどはもっと自然に言いたいことが言えるようになってくるし、いずれ大きな〝山〟を動かすこともできるという、度胸と自信につながってくるはずだ。

●ときには〝虚勢〟を張ってでも、〝攻めの気持ち〟を作れ

プロ野球界で、「度胸」という言葉がもっともぴったりくる選手といえば、私の頭にすぐ浮かぶのがリリーフエースの名をほしいままにした江夏豊さんだ。その江夏さんは、「リリーフ投手のいちばん大事な条件は、どんな厳しい状況でも、けっして逃げの気持ちにならないことだ」と語っている。

ピッチングには、攻めのピッチングと守りのピッチングの二つしかない。投げる球がストレートであっても、変化球であっても、打者にとってもっとも怖いのは、攻めて攻めて攻めぬかれるピッチングなのだと、江夏さんは言うのだ。反対に、ピッチャーが逃げの気持ちになると、バッターから見て怖さはなくなる。逃げ腰だなと思われた瞬間から、精神的に呑んでかかられてしまい、どうしても苦しいピッチングになってしまうと言う。

逃げの気持ちがすこしでも芽生えてきたときに、相手に押し切られることは、取引きや会議などの場で経験されたことのある人も多いだろう。しかし、こちらが不安なときは、たいてい相手も不安になっているものだ。そうなると、あとはどれだけその不安に耐えることができるかという、〝耐えくらべ〟になってくる。耐えるのもまた度胸のひとつで、ギリギリまで粘って、いつかは攻める姿勢に転じることが大切なのである。

どんなに自信があるように見える人でも、度胸を試される場では、ハラハラ・ドキドキしている。その心の中を見透かされないように、ふてぶてしく〝虚勢〟を張ってがんばっているのである。これも、逃げようとする自分をぐっとこらえて、〝攻め〟に専念するための有効な手段なのである。ときには、〝虚勢〟を張ってでも、ギリギリまで踏んばってみる。これも、自信を〝強引〟に自分のものにしていくための、たいせつなステップになるのだ。

●いつも人前では胸を張って、自信のあるやつの〝フリ〟をしろ

アメリカのローゼンタールという学者が、子どもたちを相手に、〝思い込み〟による変化を調べる実験をしたことがある。まず小学生に、ごくふつうの知能テストをして、「このテストの結果、将来伸びる子どもがわかったので、先生にだけ教える」と言って、担任の先生にその子どもの名まえを伝える。

一年後、ふたたび知能テストをしてみたところ、テストで将来伸びる子どもだと担任に伝えられた子どもたちの知能指数は、ほかの子どもたちにくらべて、明らかに上昇していた。なかには七〇も上がった子どももおり、学力、学習意欲ともに大幅な進歩をとげていた。しかし、ローゼンタールが将来伸びると選んだ子どもたちは、実際のテスト結果とはまったく無関係に、たんに五人に一人、順番に選ばれたにすぎなかったのである。

人間は、他人から「こいつはこういう人間だ」と期待されているうちに、いつしかほんとうに、他人が期待するとおりの人間になる傾向がある。これを〝ピグマリオン効果〟と呼んでいる。自信に関しても同じことが言えるだろう。つまり、自信がある人間になりたかったら、まわりから「あいつは自信のあるやつだ」と期待されれば、いつの間にかほんとうに自信がついてくるということだ。そのためにはまず、自分から〝自信のあるやつ〟の〝フリ〟をして、まわりにもそう思わせることである。

かつて、アメリカの弁護士にクラレンス・ダロウという男がいた。この男の弁護方法は、〝ダロウイズム〟という名をおくられるほど有名で、敏腕弁護士として知られていた。彼は公判の席では、いつもサスペンダーをバシバシとワイシャツにたたきつけ、相手を威嚇するのである。そして実際の有利不利にかかわらず、「オレの言っていることが正しい」という姿勢はみじんもくずさず、公判中その態度を貫き通す。

不思議なものでそうしていると、裁判所中がなんとなく彼のペースにはまっていくのだ。検事もすこしずつ押し込まれていく。とくにアメリカの場合は、陪審員制度だからこれは効果があった。そのうちだれしもダロウの自信満々の態度に、彼が正しいと思えてきたという。このまわりの〝思い込み〟によって、ダロウはますます自信を深めて、裁判でおおいに力を発揮したことはたしかだ。

自信がないとなげいている人は、まずとりあえず、自分のなかにある〝自信のある人間〟をイメージし、ダロウのようにふるまってみるといい。いつも胸を張って堂々としていれば、それだけでも他人はなんとなく、自信のあるやつだと思うようになる。まわりがそう期待するようになったら、それはやがてほんとうの自信に変わるはずだ。

●自分のセールスポイントは、どんどん人に話せ

制服を着た警察官を見ると、たいていの人は、恐そう・真面目そうという印象を受ける。同様に白衣姿の看護婦さんを見たときも、清楚・忍耐・人につくす人といった「白衣の天使」のイメージを抱く。

このように、その人の人柄をよく知らないにもかかわらず、制服を着ているというだけで勝手にそうだと思い込んでしまうことはしばしばあり、心理学的には〝光背《こうはい》効果〟と呼ばれている。光背とは、仏像の後ろにある光明をかたどった飾りのことで、それが背後に

あるために、より仏像が引き立って見えるというものだ。

名刺の肩書きも、〝光背効果〟を狙ったものだ。たとえ実態は部下がひとりしかいなくても、名刺に「課長」とついていたりすると、名刺をもらった相手は、それなりに責任を負った仕事のできそうな人というイメージを抱いてしまう。酒場で、ただの汚いかっこうをしたオジサンだと思っていた人に、「芸大教授」という名刺を出されたとたん、その背広やら、ボサボサの頭までなにやら意味あり気に見えてきて、「やっぱり芸大の教授は違う」などと思ってしまうのも、光背効果のなせるわざである。

この心理効果を、自信をつけるために利用してみるといい。何かひとつでもいいから、自分の学歴や経歴上で、あるいはスポーツや仕事の実績のことなどで、これはなかなかのものと人に思わせるものがあったら、どんどんセールスポイントとして話し、それを突破口にして、自信がある人と思わせるのである。

つきあっている女性に、自分は自信のある男らしい人間なんだとアピールしようとして、「この腕のキズは、昔、派手なケンカをしたことがあって、そのときにつくったものなんだ」などと、これまでの小さな武勇伝を、さもおおげさなできごとのように話す男性がいる。こうして、一度〝自信のある自分〟を売り込んでおけば、女性は何かにつけて、男性を〝自信のある人〟と期待して見るようになる。そうなると、ほんとうはそれほど自信がない男性も、好きな女性の手前ということもあって、だんだんと期待どおりの自信のある男になっていくものなのだ。

人は、自分が思っているほどあなたに注意を向けていない。だからこそ、積極的に「こうありたい」と思う自分をどんどん売り出しておくのである。はじめに強烈な印象を相手に与えて勢いをつければ、意外とすんなりこちらのペースになって、そうなれば、はじめは〝まがい物〟だった自信も、本物の自信に変わっていく。

●初対面の相手には、先に握手を求めて強気な態度を示せ

初対面のときの印象というのは、相手の中でかなり強く残るものだ。人は生活や仕事のなかでそれを体験的に感じているから、初対面ではとくに緊張したり、失敗しないように

気をつけたりする。しかし、初対面のあいさつを無難にすませてしまおうと考えているのなら、あなたは自信をつけるための絶好のチャンスを逃していることになる。

心理学では〝初頭効果〟という言葉がある。たとえば、だれかほかの人に初めて自分のことを紹介してもらうときに、その人が最初に何気なく言った言葉によって、相手の中にあなたの決定的なイメージを植えつけられるようなことをいう。一度、その人の印象が形成されると、あとから説明された言葉はたんなるつけ足し程度に聞こえ、印象は薄くなる。つまり、もし紹介者が「こいつは仕事ができる」とさきに言っていれば、「だらしない」とあとで言ったとしても、相手には「仕事ができる」という印象のほうが強く残るのである。

この初頭効果をうまく利用して、たとえば、自己紹介のときに、すこし早口でしゃべってみるのも効果がある。日本で行なわれた実験によると、スピーチの速度が速くなるにしたがって、話し手は、激しい・素早い・活動的・積極的・強い人、という評価がされる。つまり度胸のある人と思われやすいわけだ。

また、度胸を売り込むなら、自分のほうからすすんで相手に握手を求めて見るのもいいだろう。相手は積極的で、ものおじしない人物だという目で見てくれる。いったんそうしておけば、その後、二回め、三回めと会ったときに、相手の中に、「この男は度胸のあるやつ」というはじめに会ったときの印象があるから、言動のはしばしを度胸のある人と結びつけて見てくれる。その積み重ねが自信と度胸をいっしょに育ててあげてくれるのだ。

●自信がある人の近くに、進んで寄っていけ

私がまだ学生だったころ、仁侠映画で高倉健が演ずる孤独なヤクザの主人公は、文字どおりのスーパーヒーローだった。満席になった館内では、クライマックスになるとスクリーンの健さんへ、掛け声が飛びかったものである。私がここでお話したいのは、映画を見終わって映画館から出てくる観客の姿である。

彼らの歩き方も顔の表情も、一様に健さんにどことなく似ているのである。私自身、高倉健の映画を見たあと、しばらくは顔の表情が暗くなりがちで、いつもよりも口数が少なくなっている自分を感じて、われながら笑ってしまったことを今でも覚えている。

仁侠映画にかぎらず、観客は主人公に感情移入して映画を見ているうちに、知らず知ら

ずに「観察学習」（モデリング）をして、新しい反応を習得することがしばしばある。それが、高倉健主演の場合のように、見ているほうに、モデル、つまり健さんのようになりたいという、「同一視の規制」が強く働くと、とくにはっきりと現われる。

同じことは映画ばかりではなく実生活のうえでも、よく見られる。会社に切れる上司がいて、「あの人のようになりたい」と思っていると、いつのまにか仕事の仕方だけでなく、言葉づかいや歩き方まで似てくることがある。

自信をつけたいと思っている人は、自分自身でいろいろと自信をつけるための努力をすることもたいせつだが、身近に「あの人はいつも自信ありげでうらやましい」と思える人がいたら、その人を〝先生〟にしてしまうのもいいかもしれない。

いつもその人のそばにいて、自分ならばあがってしまいそうな場面、ビビってしまいそうなときに、その人がどう振る舞っているかをよく見ていればいいのだ。そして、その人をモデルにして、似たような状況にぶつかったときに、態度や言葉づかいだけでもいいからまねをしてみる。書道でも先生の手本をなぞっていくのが上達の第一歩であるように、まずは形から入っていこうという訳だ。

第二次大戦中、アメリカは日本国内を徹底的に空襲することで戦局を有利に導いたと言われる。その作戦の指揮をとった一人が、のちにアメリカ戦略空軍の育ての親として有名になったルメイである。

あるとき、爆弾を満載して日本空襲に向かおうとしたB29が、機体の重さのために二機続けて離陸に失敗、三番機の機長は離陸を拒否してしまうという事件が起こった。それを見たルメイはその機長を引きずり降ろすと、みずから操縦桿を握り、離陸させたのである。

あとに続くB29はみな離陸に成功し、作戦は遂行された。ルメイの部下たちは、日ごろ尊敬している指揮官が、危険な離陸をやってのけた勇気を見て、自分たちにもできるのだと自信と勇気を持った。その人に憧れ、尊敬していればいるほどいつのまにか、その人の影響をうけて自分も変わっていくという一例である。

今、人気のある演歌歌手は誰もが、美空ひばりさんの真似をして、歌心を学んだという。その美空ひばりさんも、ブギ・ウギで一世を風びした笠置シヅ子さんをお手本にしたというのだから、真似をおろそかにしてはいけない。

自信にもいろいろつけ方があり、たとえ形から入ってつけた自信でも、身についてしまえば同じ度胸である。とにかく、「この人を見習おう」というモデルを見つけたら、よく観察し、マネをしてみると知らず知らずのうちに自信もついてくるはずだ。

●自信がつく〝体質改善〟を心掛けよ

ある不動産会社の経営者で、自他ともに認める〝仕事の虫〟と言われる人の話を聞いたことがある。彼は、忙しい仕事の合間をぬって、水泳をしたり、カラオケのマイクを握ったりしているという。それならさぞや、水泳やカラオケが好きなのだろうと思うが、じつはどちらも嫌いなのだそうだ。それでもわざわざやるのは、自分の体質改善をしたいからだという。

というのは、彼の血液型はA型だが、几帳面で、合理的な性格といわれているA型に縛られたくないので、その枠を突破するために、自分の嫌いなことにも挑戦しているのだ。A型だけの仕事、A型だけの活動しかできなくなるのを避け、大きく飛躍するために、B型やO型の人たちのまねをすることも、〝体質改善〟におおいに役立つはずだ。

今の自分は自信がないと思っている人も、彼の考え方を参考にしてみてはどうだろうか。人より度胸がないように感じるのは、度胸を出すための要素が、いまの自分の性格のなかで欠けているからだ。それならば、度胸がある人の体質を自分のなかに取り入れるようにして、〝度胸体質〟をつくっていけばいい。

こんな実例がある。熾烈なシェア競争を展開するビール業界のなかで、アサヒビールの「スーパードライ」が記録的な大ヒットとなった。すると、アサヒビールの社員たちはみな、以前よりも身だしなみがきれいになり、挨拶もきちんとするようになった。これは、自分の会社や仕事に対して自信がついたことで、いままでとは違う自分が出てきたということだ。

今よりも服装に気を配り、あいさつをしっかりするようにし、ふだんから大きな声で話すようにすることでも、確実に自分は変わってくる。スーツや髪型を変えたら、気分まで変わったという経験を持っている人は多いだろう。

このように、自分にないものをとり入れることで、自信の出なかった自分も変わる。度胸のつきそうなことは、できそうなことからどんどんやって〝度胸を出しきれない体質〟を変えていけばいい。

5

自信がつく「自分だけの儀式」をつくろう

⑤あなたのフラストレーション耐性度は？

一六ページの自信度テスト、**質問5**の合計点は何点でしたか？　この点数はあなたのフラストレーション耐性度を示しています。

フラストレーションを引き起こしそうな場面でも、動揺せず合理的に行動する人は、フラストレーション耐性が高いといえます。こういうタイプであれば、度胸が発揮しやすいのは言うまでもないでしょう。

もしあなたのフラストレーション耐性度が50点以下なら、ストレスやフラストレーションによって、本来の自分の力が発揮しにくくなってしまう傾向があるようです。この章では、フラストレーションを抑え、自信をもり返すコツを紹介していきます。

●緊張したら、わざとゆっくり振舞え

アメリカの社会心理学者ジンバルドの行なった実験に、有名な「監獄実験」といわれるものがある。ごく一般の健全な市民二十一人に協力してもらい、人々がある立場に突然置かれたら、どういう心理的変化を起こすかを見るという模擬実験である。これは、フラストレーション耐性度のテストとも言える。

まず、十人の囚人役と十一人の看守役に分かれてもらう。囚人役は本物の市警察に逮捕され、取り調べののち、本物の監獄に収容される。すると、心理的変化はすぐに起こりはじめた。

囚人役には受動的な動きが目立つようになり、いっぽう看守役は、命令口調になり、肉体的懲罰や口頭による侮辱をひんぱんに行なうようになった。ついで、看守役は囚人役を軽蔑しだし、囚人役は自分を蔑視しだした。ついには、囚人役に強い無力感が出始め、なにごとにも服従するようになってしまった。

驚いたことにここまでの急激な変化は、わずか六日間で起きたのである。実験は二週間

続ける予定だったが、人格崩壊の危険を感じ、この段階で中止された。

人間は、ある役割によって自分を規定したり演じたりすると、性格までもが変わっていってしまうことをこの実験は示している。このことを応用すれば、自信がないと悩んでいる人が、自信を取りもどせるのではないか。たとえば、度胸がないと思っている人が、度胸がある人の〝型〟に自分をはめこんで、まえにもお話したように、度胸のあるフリをしていると、やがてほんとうに自信がわいてくる。


座り方ひとつとってもバカにならないのは、そこに人間の心理が如実に表われているからだ。深く椅子に座り、足を投げだすようなかっこうをしている人は、気持ちに余裕があり、心理的に優位に立っている。このタイプの人は、草原の強者ライオンが、寝るときにごろりと横になってゆったりすることにたとえて、「ライオン型」と呼ばれる。

反対に、椅子に浅く座っている人は、心理的に追い込まれており、余裕がない。草原の弱者であるシマウマが、すぐに逃げられるように立ったまま寝るのにたとえて、こちらは「シマウマ型」と呼ばれる。

「シマウマ型」には、緊張する場から早く逃げ出したいという心理が表われており、見るからに落ち着きがなく、動作もせかせかと余裕がない。これでは、たとえ自分の言っていることが正しいとしても、いつも心理的弱者の立場に置かれてしまい、相手をますます優位にするだけである。

そこで、ここ一番度胸を出したいと思ったときは、アセる気持ちをグッとおさえ、わざと動作を大きくゆったりとさせる。そして、椅子に座る場面なら、深々と座り、あたりをゆっくりと見わたす「ライオン型」を演じてみるのだ。そうすると、囚人と看守の話ではないが、やがて自分の心理に変化が起きてくる。

よく、役者が自分の演じる役の気持ちがつかめないときに、とりあえず動きだけでもその役らしく演じて稽古をしているうちに、だんだん役の気持ちもつかめてくることがあるという話を聞くが、それも、これと同じだ。

性格を変えろといっても、急にできるものではないが、とりあえず〝型〟だけなら、ちょっと自分で意識してみるだけで、いますぐにでも変えることができる。こうして〝度胸の型〟を演じ、余裕をつくっていくうちに、やがてそれが本物の自信としてついていくのである。

●気おくれする相手には、目を見つめてフラストレーションを追放せよ

私に、身長二メートルを超えるアメリカの心理学者の友人がいるのだが、はじめのころは、彼と話すときに妙に圧迫感を覚え、なんとなく、いつも遠慮がちになっていた。同じ心理学を学ぶものとして、彼とは対等な立場にあるはずなのに、心理的に下位に立たされていたのである。

このように相手と話をしていて、自分の言っていることが正しいとか間違っているとかには関係なく、なんとなく気おくれし、すこしずつ相手にのみ込まれていってしまうような感じを持つことは誰しも経験するところだ。私の場合は原因は単純で、背の高さからくる目の高さの違いという物理的条件だった。目の位置が高いほうが「格上」、低いほうが「格下」という単純な位置づけに、無意識のうちに影響されてしまっていたのだ。

こうなってしまうと、気おくれが気まずさにつながり、度胸を出すのをさまたげる要因にもなりがちになる。これがたとえば取引きの場であれば、相手の条件をのまされてしまうことにもなりかねない。これではフラストレーションはたまる一方だ。

彼に対する気おくれの原因が目線の高さにあると気づいてからは、私は彼と話すとき、かならず腰かけて話すことにした。座ると、座り方によって目の高さを調節しやすいので、身長からくる圧迫を受けにくくなる。これはとくに、お互いの意見を述べ合うようなときにも役立つ有効な心理作戦にもなる。

視線と、その視線を交わす相手との人間関係には、大きなつながりがある。たとえば、満員電車で見知らぬ人と目が合ったときに、思わず視線をはずしてしまうのは、「あなたとは関係がない」「あなたととくに関わりを持ちたいと思っていない」という意思表示なのである。

つまり、相手と話すときに視線をはずしているのは、逃げの型を最初からつくっていることを表わしているのだ。相手がこちらに「コミュニケートしたい」と視線で迫ってくるのに、こちらが逃げてしまっては、それだけで心理的にはるかに下位に置かれてしまう。人と話すときは、目線の高さだけでなく、相手にきちんと視線を合わせることも大切なのだ。

視線の研究をした心理学者によると、二人の子どもに童話を読んで聞かせるとき、一方の子だけに視線を合わせて話すと、その子は話をよく覚えることができたという。このことからも、目線が、人間同士のコミュニケーションにとっていかに大事かがわかるだろう。

言葉づかいにも、視線と似ているようなところがある。「そう思うんですけど……」などと語尾をにごしたりするのは、視線をそらすのと同じで、迫力に欠ける。授業でも、自信のなさそうな学生の答え方は、かならずこんな具合になるが、これは得策ではない。反対に、「こうです」「これで間違いありません」と、断定口調で話すだけでも、自分の気持ちにはずみがつき、自信があふれるだけで、度胸も出しやすくなるのである。

ただし、視線についていいえば、相手を十秒以上凝視するのはあまりよくない。相手の目を見るという行為は、よくヤクザが「眼《がん》をつける」などというように、威嚇や攻撃の意味も含んでいるからで、これでは相手に不快の念や、不安を起こさせることにもなりかねない。

●上司には、こちらから急接近してフラストレーション耐性度を高めよ

ある商社に就職した教え子と会ったとき、新入社員研修で、名刺はテーブル越しに渡さ

ず、テーブルを回って、直接向かい合って交換しろと教えられたという話をしてくれた。たしかに、この方法をとると、なにげなく儀礼的に行なわれている名刺交換にも、積極的な意味合いを持たせることができる。

二人のあいだにテーブルがはさまれていると、相手が遠くなり、無理して名刺を渡さなければならないという物理的距離ばかりではなく、テーブルがお互いの心理的な障壁になって、親しい雰囲気をつくり上げにくくなる。とくに初対面では、お互いに〝腹の探り合い〟をするために、相手とのあいだに心理的な境界線ができやすい。これでは話もはずまないし、出せる度胸も引っこみがちになる。

そこで、ちょっとテーブルの向こうに行って、相手に近づいてみる。こんなことでも、積極的に相手にかかわっていきやすくなる。この距離こそが、自信をつけるには大切なのだ。

人間には、どんな人でも〝パーソナル・スペース〟というものがある。個人空間、ひらたくいえば〝なわばり意識〟である。人間は、どこにいても、このなわばりを引きずっているのだが、このパーソナル・スペースと、好感度の関係を調べた実験があるので、ご紹介しよう。

幼稚園児に両親の絵を描かせ、父親と母親のどちらがより好きかを選ばせる。そのあと園児を連れ出し、園児がいる場所から適当に離れたところに鉄の棒を立てる。そして、実験者が園児の描いた両親の絵を渡してもらい、その絵を園児に見せながら鉄の棒に向かって歩いていく。園児から、その絵と鉄の棒が並んだように見えたときに、実験者に向かって合図させるという実験である。

この結果、好きだと答えたほうの親の絵のほうが、もう一方の親の絵のときに比べて、鉄の棒よりも自分に近いところで合図をする傾向にあったのである。これからも、自分が好きな相手に対してのほうが、パーソナル・スペースが狭くなるという解釈ができるだろう。

たとえば、上司に書類を届けるときと、同僚に書類を渡すときでは、お互いの距離が異なることが多い。同僚に渡すときなら、体が触れるくらい近づいても、お互いになんとも思わない。しかし、上司に渡すときはすこし距離をおき、机にかぶさるようには近づかず、すこし離れたところから「よろしくお願いします」と渡す。これが、めったにお目にかからないような偉い人に渡す場合には、もっと遠くなるはずだ。

これは、人間が動物だったときからの本能で、「自分のなわばりを侵されてしまってはかなわない」、あるいは、「ほかのやつのなわばりを侵せばたいへんなことになる」、という、警戒心から起こっている現象だ。

満員電車で息ぐるしく感じるのは、人とぶつかったり、押されたりという物理的なことだけではなく、自分の空間にほかの人がはいり込んでいることによる不快感が、そもそもの原因となっているのだ。

人間は、苦手な人・地位が高い人とは、つい距離をおき、境界線をつくってしまう。しかし、ときには自分から相手のなわばりに踏み込んでいって、積極的にかかわっていくことも、必要である。

本来の自分のパーソナル・スペースを離れ、もっと狭いパーソナル・スペースで動いてみることで、人とのつき合い方、度胸の出し方も、それまでとは違い、大胆になってくる。

人が自分のなわばりの中で本来の実力を発揮できるようになることは、身の回りの現象を見てもすぐにわかることだろう。たとえば行きつけの酒場でさかんに大口をたたいていた男が、場所を変え、はじめての店に行ったとたん、別人のようにおとなしくなってしまうことがよくある。行きつけの酒場は自分のなわばりだから、なんの気がねもなく振舞えるのである。

だから、もし仕事の交渉やつき合いで、相手とどこで会ってもいいような場合なら、できるだけ自分の会社にするか、自分の行きつけの店を選んで自分のなわばりの中で話をしたほうが、はるかに有利に事が運べる。

なわばりという、いつもどおりの自分の力を発揮しやすい環境をつくることもひじょうに有効な心理テクニックで、たったこれだけのことで安心して度胸が出しやすくなるはずである。

●晴れ舞台にのぞむときは、一度は袖を通した服を着てアガリを防げ

エッセイストの山川静夫さんがＮＨＫの現役アナウンサー時代、大先輩の高橋圭三さんに、「晴れ舞台での司会でアガらない方法を教えてください」と尋ねたとき、高橋さんは、「新調の靴だけははくな」と教えてくれたという話を聞いたことがある。一見、ごく平凡

なアドバイスのようだが、これは心理学的にいっても当を得ている。

犬はなわばりをつくるために、電柱におしっこをかけて、においをつけるが、人間の場合は、自分の私物をなわばりの目印とすることが多い。よく、映画館で席を離れるとき、自分の服やカバンを置いてから行くのも、自分のなわばりを示すために他ならない。その意味では、自分になじんでいないものを身につけるということは、自分のなわばりとは関係ないものを、急に自分の近くに持ち込んでくることになる。

いくらふだんのままやろうと思っていても、服や靴がふだんどおりのものではなかったら、どうしても居心地の悪さを意識して、へたをすればそれがプレッシャーに変わってしまうこともある。このプレッシャーがフラストレーションをためる一因なのである。


このことは、受験などにもそっくりあてはまる。試験というと、ことさら特別なことと考えて、ふだんどおりではないこと、たとえば試験当日、新しい靴をはいたり、新品のシャツを着たりする。意外とこんなことが、アガる原因になったりするのである。

また、試験ということで、真新しい鉛筆や消しゴムばかりを持ち込む人もいるが、これも靴や服装と同じことで、自分のなわばりにないものを急に使うということを意味している。逆に、長いあいだの〝戦友〟ともいうべきチビた鉛筆や、すり減った消しゴムなどを筆箱に入れておくだけでも、気持ちを落ち着かせ、集中力をアップさせるお守りがわりになってくれるはずだ。

晴れの舞台などでは、どうしても真新しい服を着なければならない場面もあるだろうが、そんなときは、前日に一度でも袖を通しておくだけで、当日の緊張をやわらげ、本番に堂々と立ち向かう自信も出てくる。フラストレーションは、自分で気づかずにつくっているケースも多いだけに、日常のちょっとした工夫が、自信を育てるうえで必要なのである。

●約束の時間には、先に行ってフラストレーションを解消しておけ

取引先の人と待ち合わせをして、約束の時間に遅れたり、先に相手に待たれたりされて引け目を感じ、思うように話ができなくなった経験を持つ人も少なくないだろう。約束の時間に遅れると、相手に対して気がひけるということを、たんに約束を守れなかったことに対する恥ずかしさだけの問題として片づけてはいけない。心理学的にすこし突っこんで考えてみると、度胸を出すためのうまいヒントが見えてくるはずだ。

スタンフォード大学で精神医学を研究しているインセルは、待つことの苦痛のひとつに、「従属の効果」があると言っている。一般に待たせる側の人の時間は、待つ人の時間より価値が高いとされている。

というのは、相手を待たせるということは、こちらの都合で、待たされる人の時間を左右する権限を握ってしまい、自分に対して従属させる立場を強制していることになるからだ。つまり、待つ人が下位、待たせる人が上位という関係が、いやおうなしにつくられてしまっている。

自分より地位が低い人の場合なら、それほど問題はないが、自分より目上の人や、取引先の人などという場合に、相手にこちらに従属させてしまうような形をとって、うまく運ぶはずがない。

一般に、世間で偉いといわれる人が会合などに遅れてくることが多いが、これは、相手は従属を強いても、〝自然〟な、目下の者に対するときにかぎって許される行為だと、双方の暗黙の了解をしているからに他ならない。とは言え、どんなに偉い人でも、約束の時間に遅れることは、相手にいい感じを与えないことはわかっているから、多少の引け目は感じているはずである。

そこで、相手に気おくれすることを避けたいと思ったら、待ち合わせのときは、とにかく先に行って待つことが必要になる。たとえどんなに手強い相手でも、自分が先に行って待つことによって、すこしでも相手に引け目を感じさせることができれば、心理的に優位に立てる。しかも、相手よりも早く着いてその場の地理やまわりの雰囲気になじんでおくことで、自分の〝なわばり〟づくりができる。

はじめての待ち合わせ場所であれば、なおさら先に行ってその周辺を歩き回ったり、身近なものに手を触れておいたりすることで、自分のなわばり意識を持てるようになる。自分のなわばりにしてしまえば、相手が目上の人であっても、いきおい自信を持てるようになる。こうしたなわばりづくりも、待ち合わせ場所には相手よりも先に着いておき、フラストレーションをためないという工夫のひとつなのである。

●不安を感じたら、その不安を逆手に取れ

よく、結婚式のスピーチなどを頼まれて、自分は人前で話すのが苦手だからと困っている人がいる。実際にスピーチを聞いていても、こちらが見ていて気の毒になるほどあがっ

て、しどろもどろになってしまう人も少なくない。人間の心理をあれこれと分析するのが仕事の私にとって、結婚式は絶好の〝観察場所〟で、そういう人たちの動作や、目の動きを観察していると、いろいろおもしろいことがわかってくる。

たとえば、あがってしどろもどろになっている人の視線は、落ちつきなく、あちこちをさまよって、焦点も定まっていない。これは、大勢の人を前にしたときに生じる、対人不安の〝典型〟といえる現象である。心理学者のバスも、対人不安を生じさせやすい状況のひとつとして「他人の数が多くなればなるほど、不安は生じやすくなる」と指摘している。

たいていの人は、大勢の人の前に立って何か話そうとするとき、「とにかくうまくやらなくては」と思いがちだが、こう考えれば考えるほど、かえって不安や緊張は増してくる。こういうときは、人が大勢いることが不安なのだから、その不安を打ち消す方向、つまり、大勢の中のひとりだけに向かって話すようにすればあがらなくなると、バスは明解に対処法を示してくれている。

バスは、そのほかの対人不安の原因とその対策を、つぎのように示している。

「知らない人と話すときに生じる不安」は、その人について事前に一つでも二つでもいいから情報を手に入れておくことで、安心して話せるようになる。

「周囲の人たちから注目されることで生じる不安」は、自分は注目されるような〝器〟ではないと思えば気が楽になる。

「フォーマルな場面で話すときの不安」は、じつはこれは気楽な集まりなんだと、飲んでかかることで緊張感はやわらぐ。

「自分が評価されていると思うほど生じてくる不安」は、背のびせず、ナマの自分を見てもらうしかないだろうと開き直ることで、恐くなくなる。

「自分の容姿、服装、身振り、しゃべり方について相手が発言したときや、自分のプライバシーが侵されたときに生じる不安」は、他人は他人、自分は自分と割り切り、他人の評価は聞き流してしまうことで解消する。


バスの言わんとするところは、対人不安は、生活するうえで誰にでもかならずつきまとうものなのだから、それならば、そこから逃げるのではなく、どうしたら不安を減らすことができるのか、その対策を工夫して、前向きに考えよと言うことである。それによって、かえっていい意味での緊張感が高まり、ふだんならとても出ないだろう集中力を生みだすこともできると言うのである。

不安を逆手に取って利用することで、自信をもちやすい状態をつくれという訳だが、これはなにも、対人不安だけにかぎったことではない。たとえば、不安が高じて、どうしても考えがまとまらないときは、身のまわりの物や、指先などをじっと見つめてみるのも、気持ちを集中させるのに有効な方法である。一つのものをじっと見つめることで不安によって分散していた神経がひとつにまとまってきて、心が落ちつき、集中力が生まれるのである。

また、試験やだいじな会議のまえなどには、下痢止めの薬をさきに飲んでしまうというのもいい方法かもしれない。人間は緊張する場面では、体に変調をきたしやすく、だいじなときに下痢になったらどうしようという不安を、多くの人が持つ。そこでとりあえず、下痢止めの薬を飲み、その不安を取り除いてしまうと、不思議と落ちつきがでてくる。不安の原因を知って、それを取り除いてやることで、緊張をやわらげ、いざというときに自信ある態勢でのぞもうという訳である。

●不安や緊張感を解消する「自己タッチ」

赤ん坊は、オムツが汚れたとき、お腹がすいたとき、何かに驚いたときなどは、泣き叫ぶことで何かを訴えようとする。こんなとき、母親はあわてて赤ん坊を抱き上げ、あやしてあげるが、すると赤ん坊の顔は、泣き顔からたちまちニコニコ顔に変わっていく。これは、母親に抱かれ、母親の肌に触れることによって安心感を得るからだ。

このように肌に触れることを、「タッチング」と呼んでいるが、たいていの人はこうしたタッチングを母親などから受けて成長していく。大人になってからも、不安なときや緊張したときは、無意識のうちに赤ん坊時代に経験したタッチングを求め、自分で自分の体を触れる「自己タッチ」によって不安や緊張を解消しようとする。

テレビを見ているとよくわかるが、プロ野球の選手は、それぞれの「自己タッチ」を持っていて、不安や緊張感を解消している。たとえば、元阪神タイガースの掛布雅之選手などは、現役時代「自己タッチ」の様子をもっともよく見せてくれた。

彼がバッターボックスにはいったときの仕草は、たいていの場合次のように決まっていた。「ボックスをならす」「ベルトをいじる」「バットで両足をたたく」「唇や額をふく」「太股をつまむ」「バットをまわす」「肩をふる」である。

ごく短時間でこれだけの動きをするのも、バッターボックスに立ったときの不安や緊張を解消しようという〝無意識の努力〟の表われだろう。おもしろいことに、掛布選手のクセは、彼のリズムがのっているときほど、くり返し現われた。無意識のうちにいつもどおりのさまざまな動きをすることで、集中力を高めていたに違いない。

タッチングにかぎらず、人間は緊張したときに、その緊張をやわらげようとして、無意識のうちにクセを出す傾向がある。どんな人でも、無意識のうちにやるクセは、「無くて七クセ」の言葉どおり、七つか八つはくらいはあるだろう。

そこで、無意識のうちに出てくるクセを逆手に取り、気持ちを落ちつかせ、集中力を高めるために利用するのである。いつも無意識にやっているクセを、意識的にやって、不安、緊張感を解消しようという訳だ。

鉛筆をいじる、手を握りしめる、指で太股をたたく、紙に何かを書く、ホオをふくらませるなど、自分のクセを見つけて、それをわざと繰り返すことで、そのクセを自分の気持ちを落ちつかせるための〝儀式〟としてしまうのである。つまり、緊張を解消させるために無意識に行なっているクセをわざとやることで、積極的に緊張や不安を解消させてしまおうというのである。

また、自分のクセを見つけておけば、〝いつのまにかクセを出してしまっている自分から、「自分はいま緊張しているな」と気づくことができる。緊張している自分に気づけば、何に対して不安や緊張を感じているかもつかみやすくなる。そうすれば、どうしたらその不安を減らし、度胸を出せる状態にもっていけるかもわかってくるであろう。

●迷ったときには、考え直さずにつきすすめ

「考えをひとつにして絞り込んでいってこそ、錐が穴をあけるように、考えも収束されてくる。これがすなわち集中ということではないか」というのは、プロゴルファーの青木功さんの話だ。青木さんは考えをひとつに絞り込めなかったために起こったひとつの失敗例を挙げているが、これがなかなか興味深いので、いささか古い話になるが、ここで紹介し

ておきたい。

全英オープンで、トム・ワトソンがセベ・バレステロスと優勝争いをしていたときのことである。

十七番ホール、ワトソンのボールは、セカンドショットをどう打つべきか、ひじょうに判断のむずかしい距離だった。迷ったあげく、ワトソンは最初三番アイアンを手にした。そして、いざ打とうとしたとき、十八番で大歓声があがった。バレステロスが、バーディ確実のショットを放ったのである。もちろん、このことはワトソンには見えていないのだが、この歓声がワトソンの決断を狂わせた。ワトソンは、クラブを二番アイアンに切りかえ、結局、グリーンを大きくオーバーして優勝を逃がしてしまった。

もちろん、ワトソンが三番アイアンでそのまま打っていたほうが、結果がよかったかどうかはわからない。しかし、クラブを変えたあとでは、集中力は、最初のときとは比べものにならないくらい、落ちていたはずだと、青木さんは言うのである。

ゴルファーは、クラブを手にするまでに、ありとあらゆる要素を組み立てて考えていく。このことが、集中力をつくり上げていく過程にもなっている。ワトソンの場合、歓声によって集中力がとぎれ、そのためにさまざまな不安が頭をもたげてきたのかもしれない。そこで、これまでの自分の考えに対する自信までなくなり、綿密に計算したうえで選んだクラブを変えてしまった。いわゆる、〝魔がさした〟と言われる心理現象である。

これはゴルフにかぎった話ではない。試験などでも、自信を持って出した答えが、ふとしたことからなんとなくちがっているように思え、書き直したためにバツになってしまった経験のある人もいるだろう。仕事でも、最後の決断をせまられたときに、いちおう考えはまとまっていたはずなのに、いったん迷い始めると、際限なくああだこうだと考え出し、そこから抜け出せなくなってしまうことも少なくない。万全の準備をしていたつもりが、さまざまなプレッシャーに負けてしまうと、集中力や正確な判断力を保てなくなり、そのあげくに、まちがった決断をしてしまう、「魔の瞬間」を迎えることはなかなか避けられない。

考えに考えたすえに結論を出したそのすぐあとに頭をもたげる不安。これは、無視したほうがいいかもしれない。とにかく、これまでやってきたことは正しいのだと信じて、突き進むことである。ここで結論を変えると、冷静な判断力が生じにくい状態で、だした結論だから、間違いを犯すことが多くなるのも当然だろう。

だいじな場面になればなるほど誰でも不安感にさいなまれるものだが、だからといって、その不安な気持ちにしたがって、生じてきた迷いにふりまわされていては、正しい判断はできなくなってしまう。

正念場になって別の考えが頭をもたげてきたら、それを逆手にとって、「この考えは不安感から生じてきたものだから、絶対に正しくない。冷静なときに出した考えのほうが正しいんだ」と自分にいいきかせることだ。そうすれば、不安による迷いを、今までの考えでやり抜くための集中力と自信をつくる原動力に変えることができるだろう。

●緊張したときは、体を動かして気分をもりあげよ

テレビを見ていておわかりのように、陸上の一〇〇メートルのレースまえには、選手たちは何度もスタートの練習を繰り返す。これは、スタートダッシュの練習というよりも、じつは精神的なボルテージを高め、これからのレースのイメージをまとめるといった、心

理的な要素のほうが強い。要は、本番に向けて予行演習をすることによって、実力を出しきれる精神状態を準備するためのもので、心理学では「リハーサル効果」とも呼ばれている。

本番まえのウォーミングアップは、試合に対するイメージづくりのほかに、適度な緊張感をつくるためにも効果がある。E・ジェイコブセンが考案した「筋弛緩法」は、その代表的なものと言えるだろう。手、腕、首、肩、背中、そして全身と、順番に筋肉に力を入れてはゆるめていくというもので、これによっていったん強い緊張をつくり、その反作用を使って、筋肉を弛緩させることができる。こうして、体をリラックスさせることによって、気持ちもリラックスするようになる。このリラックスした精神状態が、同時にほどよい緊張をつくりだすのである。

あなたも、本番にのぞむまえから、体も心も緊張してガチガチになってしまったら、この方法を試してみるといい。時間がなければ全身でなく、手をギュッと強く握り、ゆるめるという動作を繰り返してみるだけでも効果はあるはずだ。

たとえば、受験直前になったら勉強だけでなく、散歩をしたり、軽くジョギングしたりして、適度に体を疲れさせてリラックスできるようにしたほうがいいともいわれるが、これも筋弛緩法のひとつといえるだろう。こうすることによって、受験当日もあがらずに実力を十分に発揮するための度胸ができてくる。

また、体を動かすことは人間を生理的に興奮させ、積極的、活動的にするという効果もある。これは、ダットンとアロンというふたりの学者が実証したものである。彼らは、低くてしっかりした橋と、高くて不安定な橋という、ふたつの橋を渡ってきた男性にアンケートをとるといって電話番号を教えた。そして、どの程度電話がかかってくるかを、橋の高低、インタビュアーの性別によって分類、比較したのである。

結果は、高い橋を渡ってきたあとで女性がインタビューするのが、もっとも高い確率で電話がかかってきたというが、これも生理的興奮が、心理的興奮に転化することを示している。

余談になるが、ダットンらによると、被験者の男性は、鼓動が激しくなったり、息づかいがあらくなったりした理由を、橋を渡ったからではなく、魅力的な女性と話をしているからだと思い込み、その女性に好意を抱くようになるからだといっている。デートでテニスやスキーなどの運動をすると、ふたりの仲がより深まるのと同じことだが、運動が心理的な興奮をもたらすことは確かだろう。

●本番のまえには、声を出して気合いを充実させろ

私は講義をするまえに、かならず研究室で立ったまま、その日の講義の内容をブツブツとしゃべってから教室に向かうことにしている。今でこそ、これから講義が始まるからといって緊張することはなくなったが、はじめて教壇に立ったころは、大勢の学生たちを目の前にすると、緊張してうまくしゃべれなかったものだ。そのころにリハーサルとしてやっていた〝ブツブツ〟がどうやら習慣になってしまったようだ。

実際に話す内容を、頭のなかで復唱するだけでなく、声に出しておくと、声がうわずったり、あわてたりすることがなくなる。プロのアナウンサーも、たいてい本番まえは原稿を声に出して読んで、リハーサルをしている。読み方を確認したり、時間を測ったりという意味もあるだろうが、これによって本番まえの緊張をほぐす役割もはたしていることは

確かだろう。

スポーツの世界でも、かけ声とともに試合場に向かっていくシーンをよく見掛ける。これは、緊張感をほぐすと同時に、「倒れるまでがんばるぞ」という、ハイな精神状態をつくって〝戦場〟へ出ていく儀式でもある。

南半球のラグビーチームは、試合まえにグラウンドで、「ウォー・クライ（戦いの叫び）」と言って、原住民に伝わる戦いの歌を歌いながらダンスを舞うそうだ。これも、声を出すことによって、これからゲームを戦うための気合いづくりのリハーサルをしているといってもいいかもしれない。

管理職の集中研修でもよく、大声を出して日ごろのストレスから解放させる訓練がある。声を出すことは自分の精神状態をコントロールし、集中力を高めさせる効果もある。度胸を求められる場面になったら、発声練習でもいいし、大声で叫ぶのでもいいから、何か声をあげて緊張感をうまくほぐしてから本番に向かうといいだろう。

●あがっていると感じたら、その場でゆっくりと深呼吸してみろ

あがっている人を観察しているとわかるが、何を話しかけても、こちらの言っていることが伝わらず、うわの空のことが多い。不安や緊張から意識がめまぐるしく分散して、集中力がなくなっているからだろう。

こうしたあがりをおさえるために〝リハーサル〟をするのだが、ときにはリハーサルができないこともある。そんなときは、リハーサルのかわりに、呼吸法で緊張感をコントロールし、分散した意識を一点に集中させるようにしてみるといい。会議の席や商談の場など、声を出したり、体を動かすことができない本番直前でも、これならば、場所を選ばず実行できる。

ゆっくりと深く、レントゲン検査のときのように息を吸いこんだら息を止め、腹に力を入れて、しばらくしたらゆっくりとはきだすという深呼吸を、意識的にするのである。この深呼吸をやってみると、胸の動悸が静まったような気がして、不思議なほど心が落ち着いて、集中力もでてくる。

陸上の短距離の選手は、「位置について」の号令でスターティングブロックにつきながら、大きく息を吸いこみ、「ヨーイ」の号令で、ゆっくり息をはいて、スタートの集中力を高めるという。また、極度に緊張すると、なまあくびをする人がいるが、なまあくびも深く呼吸することで緊張感を静めようとする無意識のあらわれなのである。

体を動かすことも、声を出すことも、深呼吸をすることも、生理的な作用を利用して、精神状態をコントロールする方法である。日ごろからこうした方法を試して、自分で緊張感や気合いを、適度な状態に持っていくやり方を覚えておくことだ。それさえ覚えておけば、本番を必要以上に恐がることはなくなるはずだ。

本番まえの〝リハーサル〟をうまくやることによって、精神をコントロールするちょっとしたコツを知っておけば、もはや不安や緊張感におびえることはなくなる。息を吸ったあと、思い切って息を吐き、同時にフラストレーションまで吐きだしてしまおう。

●気おくれしたら、相手の〝アラ探し〟をせよ

アメリカで行なわれたおもしろい実験を最後に紹介しておきたい。信号待ちをしているときに、信号が青に変わっても発進せずにいると、後ろにいる車がクラクションを鳴らしてくるのはいつかを、大衆車と高級車とで比較したのである。

実験の結果は、高級車のほうが、クラクションを鳴らされるまでの時間が長かったという。後ろについた車の運転手は、高級車を見て、自分より収入も多く、地位の高い人間が乗っているのだと思い、気おくれを感じて、クラクションを鳴らせなかったのである。

気おくれというのは、地位や名誉など自分よりレベルの高い相手に対面したときに生まれるものだ。気おくれを感じると、緊張して言いたいことも言えずに終わるのは、「主―従」の関係の「従」のほうにおさまっていたほうがいいだろうという、消極的な気持ちが生まれるからに他ならない。

このような、優位関係からくる気おくれをなくすのは、きわめて簡単なことである。相

手をその優位な位置から、ひきずりおろしてしまえばいいだけのことだ。と言っても、現実の地位そのものは変えられないから、自分の心の中の相手のイメージを変えてしまおうという訳だ。

こんな話を聞いたことがある。あるカメラマンが新人時代に、人気女優を撮ることになったのだが、当日、緊張のあまり震えがとまらない。それを見た編集者から「相手だって同じ人間なんだ。彼女がトイレに入っているところを想像してみろ」と言われ、急に落ちつきをとり戻し、いい写真が撮れたというのだ。これも、「従」の気持ちを追放し、積極性を生むひとつの方法かもしれない。

面接試験などで緊張するのは、〝向こう側〟に並ぶ試験官を自分よりも優位なものと意識しすぎてしまうからで、その優位性をなくして逆に、気持ちのうえで相手を飲んでかかることができれば、リラックスして面接に向かえるはずだ。そこで、先の新人カメラマンの例のように、相手がトイレに入っている姿を思いうかべてもいいし、ネクタイがダサイとか、歯に青ノリのカスがついているから昼に焼きソバでも食べたな、などとあげつらってみてもいい。こうすると、意外に落ち着いてくるはずだ。

試験のときなど、まわりの受験生すべてが自分よりできそうに見えるものだが、こんな場合も周囲の受験生の緊張ぶりを、自分を棚にあげて〝アラ探し〟するといい。そのうちに、自分がいちばん優秀だと思えて、知らずうちに自信もついてくる。自信をつけるには、自分の心の中にたまったフラストレーションを、いろいろと工夫して吐きだすことが必要なのである。

16、17ページで出した合計点を下の表に書き込んで、線で結んで下さい。

レーダーチャートが、点線の五角形よりも全体的に大きければ、あなたはバランスのとれた自信が身についています。

きれいな五角形にならなかった人や、点線の中に五角形の一部でも入ってしまった人は、そこが自信をつけるためにあなたに必要なポイントです。

各章をもう一度ふり返り、自分を知るための手がかりにして下さい。

※セルフ・モニタリング度だけは目盛りが逆になっています。

あなたの「自信度」レーダーチャート

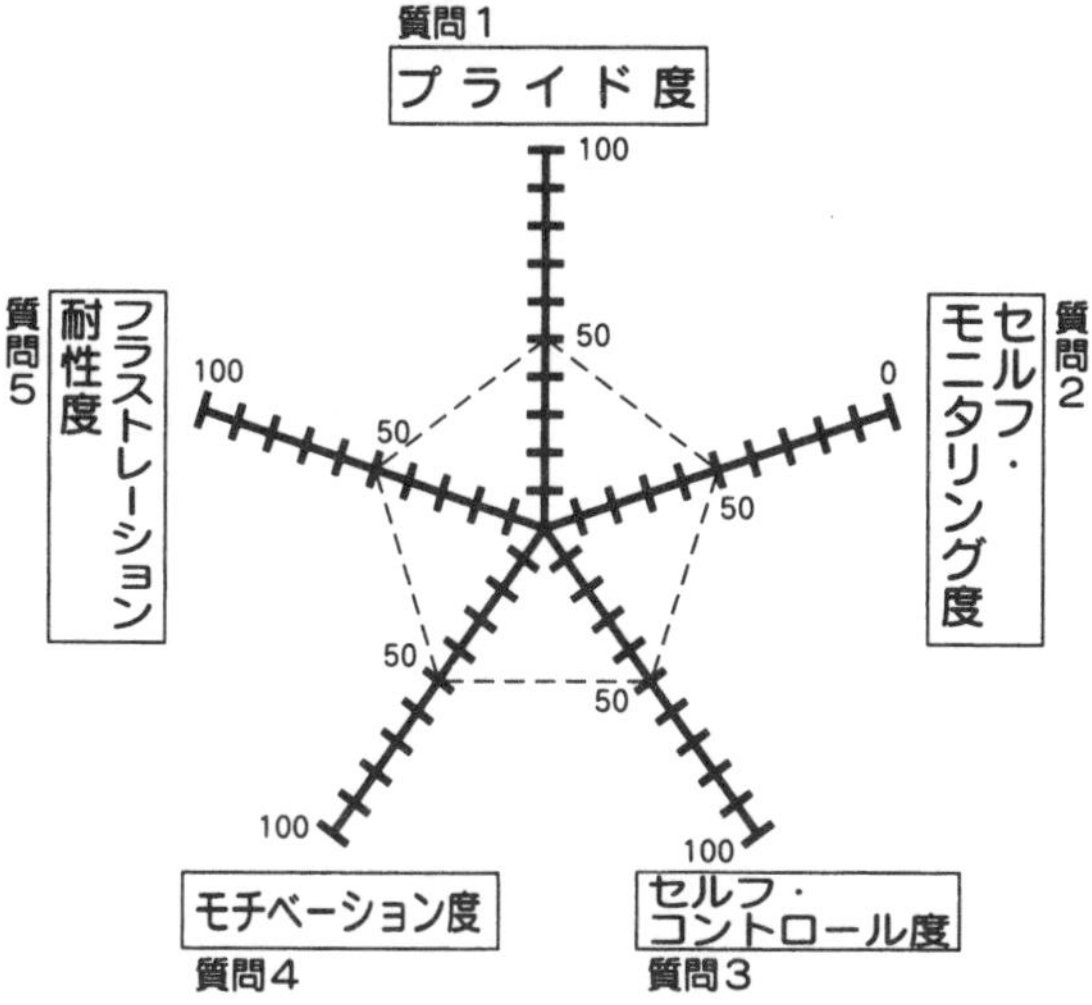

緊張、イライラ、不安が消える
自信をつける心理学

著　者　渋谷昌三
発行者　真船美保子
発行所　KKロングセラーズ
〒169-0075　東京都新宿区高田馬場2-1-2
電　話　03-3204-5161(代)
http://www.kklong.co.jp

印刷　太陽印刷　　製本　難波製本

ISBN978-4-8454-0948-8

Printed in Japan 2015